FRIEDER LAUXMANN

Die Schöpfung

FRIEDER LAUXMANN

Die Schöpfung

Philosophische Wege zum
Erleben der Welt

nymphenburger

Meinen Töchtern Ulrike und Katrin,
verbunden mit dem guten Rat, über irgendwelche Charaktereigenheiten, die sie von mir geerbt haben, nicht mit mir, sondern allenfalls mit unserem gemeinsamen Schöpfer zu diskutieren.

Besuchen Sie uns im Internet unter
www.nymphenburger-verlag.de

Schutzumschlaggestaltung: Wolfgang Heinzel
Schutzumschlagmotiv: akg-images, Berlin
Satz: Filmsatz Schröter GmbH, München
Gesetzt aus 11/13.8 pt Stempel Garamond
Druck und Binden: GGP Media, Pößneck
Printed in Germany
ISBN 3-485-01025-1

Die Religiosität des Forschers »liegt im verzückten Staunen über die Harmonie der Naturgesetzlichkeiten, in der sich eine so überlegene Vernunft offenbart, dass alles Sinnvolle menschlichen Denkens und Anordnens dagegen ein gänzlich nichtiger Abglanz ist. … Unzweifelhaft ist dies Gefühl nahe verwandt demjenigen, das die religiös schöpferischen Naturen aller Zeiten erfüllt hat.«

Albert Einstein

Inhalt

Das Erleben der Welt

Ein todkranker Junge erfährt die Zeitlosigkeit

»Ich habe gespürt, dass du da warst. Dass du mir dein Geheimnis verraten hast: Schau jeden Tag auf diese Welt, als wäre es das erste Mal.«

Eric-Emmanuel Schmitt

In seiner Erzählung »Oskar und die Dame in Rosa« berichtet der erfolgreiche französische Autor Eric-Emmanuel Schmitt (geb. 1960), wie ein zehnjähriger Junge, der an Leukämie erkrankt ist, nach einer fehlgeschlagenen Rückenmarkstransplantation von einer älteren Betreuerin im Krankenhaus, der »Dame in Rosa«, auf seinen in ein paar Tagen sicher zu erwartenden Tod vorbereitet wird. Da seine Eltern auswärts wohnen und nicht den Mut hatten, ihm die Wahrheit über seine Krankheit zu sagen, kann er ihnen nicht mehr vertrauen. Die Dame in Rosa empfiehlt ihm, jeden seiner zwölf letzten Tage wie ein Jahrzehnt seines Lebens zu erleben und täglich einen Brief an Gott zu schreiben. Endlich in »hohem Alter«, in Wirklichkeit schon in ein paar Tagen, gelingt es ihm, Kontakt zu seinem Adressaten aufzunehmen. Dabei erfährt er von ihm: »Schau jeden Tag auf diese Welt, als wäre es das erste Mal.« – Nicht hinzugefügt ist im Text ein anderer Vorschlag, der vielleicht auch möglich gewesen wäre: »Schau jeden Tag auf die Welt, als wäre es das letzte Mal.«

Nach zwölf Tagen, am Ende eines scheinbar langen und erfüllten Lebens, stirbt Oskar – im Gegensatz zu seinem Autor, der selbst als Kind ein ähnliches Schicksal hatte.
Das Geheimnis besteht im Wesentlichen darin, dass nicht nur der kranke Junge, sondern wir alle uns bemühen können, jeden Tag die Welt als etwas völlig Neues zu erleben, als wäre sie gerade eben erst entstanden. Wir könnten dann aus der Nacht des Chaos in eine neu erschaffene Welt hinein erwachen und den gestrigen Tag als etwas für immer Vergangenes, gewissermaßen als Erlebnis einer versunkenen Welt betrachten, auch wenn wir heute an dieser Welt wieder andocken müssen. Zwar wissen wir um das Alter der Welt, doch dieses Alter ist nicht unseres, denn wir wandern immer nur durch die Gegenwart. Selbst unser eigenes Alter ist verborgen, wenn wir auf die ewig junge und immer wieder neu entstehende Welt schauen und nicht auf uns. Dem jungen Menschen scheint die gleiche Sonne wie dem alten; der Arme lebt in der gleichen Schöpfung wie der Reiche, es kommt darauf an, woran man sich freuen kann. Ob es der Blick auf die mit Brillanten besetzte Luxusuhr ist oder der Blick auf die besonnte Kirchturmuhr, die Zeit ist die gleiche. Die frohesten und zufriedensten Menschen, so wurde einmal ermittelt, sollen in Bangladesh wohnen, in einem Land also, das zu den ärmsten Ländern der Welt gehört.
Dies alles ist jedoch nur ein Teil der Wahrheit. Die Außenansicht der Welt ist zwar allen vorgegeben, doch nicht die Innenansicht. Da gibt es Unterschiede, und zwar gewaltige. Diese Unterschiede machen unser Schicksal aus. Not, Schmerzen und Einsamkeit lassen uns die Welt anders erleben, als wenn wir davon befreit sind und dies womöglich für selbstverständlich halten. Und dennoch geht es nicht nur darum, *was* wir in der Welt erleben, son-

dern *wie* wir die Welt erleben. Entscheidend ist nicht nur, welchen Film wir gesehen haben, sondern wie wir ihn erlebt haben. Da wir den Film unseres Lebens nicht wiederholt abspielen können, ist jede Szene etwas Neues und Einmaliges. Wir erleben unsere eigene Welt, sie ist Sonderanfertigung nach Maß, für uns geschaffen, doch wir selbst sind nur ein Teil dieser Welt. Die Welt erlebt auch uns.

Wir spielen eine Rolle in dem Film, den wir betrachten. Wir sind gleichzeitig Mitspieler, Beobachter und Erlebende. Wir sind eine Einheit und handeln auf mehreren Ebenen. Was wir lernen können, das ist einfach gesagt: Wir sollen gespannt sein, staunen und uns überraschen lassen. Wir sollen uns als Premierengäste auf der Welt fühlen und uns fragen: Wie geht es weiter, was hat die Welt mit uns vor und wir mit ihr?

Sind es wirklich diese Fragen, die uns bewegen? Wenn wir auf die Wissenschaft schauen, dann sieht das alles doch völlig anders aus. Seit rund einem halben Jahrtausend arbeitet sie in den westlichen Ländern daran, das subjektive Erleben des Menschen aus der Forschung zu verbannen. Was ein Forscher geträumt hat, das interessiert niemanden, davon darf in seinen Schriften nichts stehen, obwohl er vielleicht erklären könnte, warum und wie er zu einem bestimmten Ergebnis gekommen ist. Doch es geht nur um die Beschreibung der Außenwelt.

Dies gilt keineswegs nur für die Naturwissenschaft; auch andere Bereiche versuchen, sich nur das Objektive einzuverleiben. Aus dem schicksalhaften Erleben der Welt wird die Chronologie ihrer Zustände, aus der Schöpfung die Geschichte der Weltentstehung. Wir wollen diese Geschichte anerkennen, doch zugleich erwarten wir von ihr mehr als nur lernbare Fakten, die uns im Grunde nichts mehr angehen. Die Schöpfung geht uns an. Wir erleben sie. Wenn wir die Schöpfung nicht anerkennen, wird sie uns verleugnen.

Unser Verständnis der Schöpfung, sofern wir überhaupt noch eines haben, droht uns immer mehr zu entgleiten. Es ist ein lange gewachsenes Missverständnis, von dem sich die westlich orientierte Menschheit jetzt verabschieden muss: von der Illusion, mit der sie seit mindestens einem halben Jahrtausend gut und zunehmend komfortabler gelebt hat. Es ist die Erwartung der nach und nach erreichbaren menschlichen Allmacht über die Natur.

Der Griff nach der Schöpfung artet zunehmend in Missgriffe aus. Wir sind an einem Punkt gelandet, von dem aus wir nach Rettung Ausschau halten müssen, weil wir spüren, dass die Schöpfung wohl doch nicht nur das ist, wofür wir sie in unserer forschenden Euphorie gehalten hatten: Sie ist nicht menschliches Privateigentum, sie ist uns nur anvertraut.

Aus dem Stichwort Schöpfung erwachsen höchst unterschiedliche, widersprüchliche und scheinbar aus ganz verschiedenen Ebenen herrührende Themen und Ideen. Sie stammen aus teilweise unverbundenen, ja sogar noch weiter auseinander strebenden Gedankenwelten. Sie alle unter einem gemeinsamen Dach zu versammeln, um zu zeigen, dass und wie sie letztlich miteinander verbunden sind, ist ein Wagnis.

Seit langem gehen Naturwissenschaften, Philosophie, Religion und Dichtung mehr und mehr getrennte Wege, als hätten sie in der Welt nichts miteinander zu tun und nichts Gemeinsames zu verkünden. Die Vertreter der einen Denkzunft interessieren sich kaum für die der anderen. Das hatte und hat fatale Folgen. Diese Zeit der Trennung neigt sich ihrem Ende zu, immer mehr Men-

schen wissen, dass das materialistische Denken der westlichen Welt universale Probleme schafft, die sich mit ebendiesem Denken nicht lösen lassen.
Die Schöpfung trotz aller Widersprüchlichkeiten dennoch als einheitliches Thema erscheinen zu lassen, um die Welt mit neuem Blick zu erleben, das ist das Ziel dieses Buches. Die immer weiter um sich greifende Spezialisierung unseres Denkens und Handelns muss in eine unfruchtbare Verzettelung führen. Aus ihr kann nur ein überschauender, zusammenfassender Blick auf die Ganzheit der Phänomene herausführen, wie er hier versucht wird. Das Phänomen Schöpfung wird von möglichst vielen Seiten aus exemplarisch beleuchtet. Mit dem umfassenden und zusammenfassenden Denken können wir die Schöpfung neu und anders erkennen, als etwas, was uns alle unmittelbar angeht.

Erster Teil

Zufall – der Nichts- und Alleskönner

Warum ist die Welt?

Die Frage nach dem Schöpfungsimpuls

»Das Nichts ist nicht. (...) Das Nichts nichtet nicht, das Nichts ist genichtet. Übrig bleibt, dass es ein Sein geben muss.«

Jean-Paul Sartre

Alles, was ist, hat einen Sinn, nur das Nichts kann auf ihn verzichten.
Stellen Sie sich vor, es gäbe die Welt nicht! Solch ein Denken gelingt Ihnen sicherlich genauso wenig wie dem französischen Denkmeister Sartre, der darüber trotzdem ein sehr dickes Buch schrieb. Wir können uns zwar einen leeren Raum vorstellen, aber der wäre dann ja auch schon etwas in der Welt. Aber gar nichts? Die nicht existierende Welt bleibt denkunmöglich. Dass es die Welt gibt, ist für uns selbstverständlich, denn die Menschen haben seit Anbeginn ihres Daseins nie gelernt, die große Alternative, das Nichtbestehen der Welt, in ihr Denken mit aufzunehmen. Wozu auch? Zum Überleben brauchen wir die Welt, eine nicht existierende Welt könnte uns dabei nicht behilflich sein. Dabei ist gerade die Tatsache, dass die Welt überhaupt existiert, das größte denkbare und nur ganz selten bewusst gewürdigte Wunder.
Die nächste Frage bleibt wohl für immer unbeantwortet: Warum ist die Welt? Die Antwort auf diese Frage ist

uns deshalb unmöglich, weil es dann einen Zweck geben müsste, der nicht in, sondern außerhalb der Welt liegt. Dem Wasser sieht man ja auch nicht an, warum wir es trinken. Wir müssten nach einem Argument suchen, das von außerhalb der Welt kommt, und solche Gründe stehen unserem rationalen Denken nicht zur Verfügung.

Daraus folgt das eigentliche, ebenfalls noch immer ungelöste Rätsel: Wer oder was hat Entstehung und Fortdauer der Welt veranlasst? Worin liegt der auslösende Impuls, der die Frage: »Soll etwas sein oder soll nichts sein?« ein für alle Mal entschieden hat? Wir wissen nur, dass diese Frage de facto zu unseren Gunsten entschieden wurde, auch wenn viele bestreiten, dass es überhaupt eine solche Entscheidung gegeben habe. Die denkbare Antwort: Die Welt ist gemacht, damit wir auf ihr leben können, wäre zu schön, um zu überzeugen, denn aus der Naturgeschichte lässt sich dieser Zweck leider nicht herleiten. Die Welt findet sich auch ohne den Menschen zurecht, doch dieser nicht ohne die Welt.

Wir verlangen keinen Beweis dafür, dass die Welt überhaupt existiert. Selbst wenn sie eine göttliche Traumgeburt wäre, dann wäre sie wenigstens dies. Das braucht uns nicht zu belasten, wohl aber die nächste Frage: Hat die Welt einen Sinn mit auf den Weg bekommen? Wenn ja, worin besteht er? Springt der Logos der Griechen, das sinnerfüllte Wort, der sinnerfüllte Gedanke, der der Welt zugrunde liegt, auf uns über als verpflichtendes Erbe der Schöpfung? Sind dies alles sinnlose Fragen, weil wir sie ja doch nicht beantworten können? Ihr Sinn besteht zumindest darin, einzusehen, wie beschränkt unser Denkvermögen ist, wenn es sich um die Hintergründe der Schöpfung bemüht.

Das Wort Schöpfung ist schon ein Bekenntnis, denn es setzt voraus, dass es einen sinnerfüllten Schöpfungsimpuls und -fortgang oder etwas ihm Vergleichbares gegeben haben muss und noch gibt. Andernfalls könnte man nur das Wort Weltentstehung verwenden.
Die Welt ist um uns, mit uns und in uns. Und wir können uns immer wieder fragen, wie wir das Erleben der Welt in unser eigenes Erleben einbeziehen. Gerade in unseren Tagen ist das von brennender Aktualität, denn jeder Einzelne steht vor Entscheidungen, die unmittelbar etwas damit zu tun haben, wie wir mit der Schöpfung umgehen. Was können wir als Einzelne und in der Gesellschaft im Positiven wie im Negativen bewirken? Jeder von uns ist mächtiger, als er meint. Zwar konnten Menschen auch in der Vergangenheit auf die Welt einwirken, nie aber waren die Möglichkeiten dazu so schwerwiegend wie in der Gegenwart und vor allem in der von uns mitzuverantwortenden Zukunft. Von der Frage, wie wir das Welterleben beurteilen, hängt unser Denken, Handeln und Fühlen ab, viel mehr als wir zunächst annehmen würden.
Wenn wir uns im Folgenden mit der Schöpfung befassen, dann geschieht dies auf verschiedenen Ebenen, die jedoch ineinander verschlungen sind:

- Die materielle, naturwissenschaftliche Ebene. Wie fing alles an, was zeigt uns die Evolutionsforschung?
- Der in manchen Bereichen fließende Übergang von der materiellen in die geistige Betrachtung der Phänomene. Naturwissenschaften und Geisteswissenschaften greifen zunehmend ineinander über.
- Steht uns der Weg, die Schöpfung in uns selbst zu erkennen, noch zur Verfügung?

- Wie haben die großen Denker über das Werk des Schöpfers geurteilt? Können sie uns heute noch beistehen?
- Wie gehen wir mit den Erkenntnissen über die Schöpfung in unserem Leben um? Zwingen sie uns, unser Verhalten zu überprüfen. Was ist Schöpfungsethik?
- Wie können wir die Schöpfung erleben? Als sinnerfülltes Werk Gottes oder als etwas ohne geistiges Zutun von selbst Entstandenes?

Wir brauchen ein belebendes Nachdenken über die Schöpfung. Vielleicht gelingt es uns dabei, so etwas wie eine neue, geradezu aufregende Freude zu erleben, wenn uns bewusst wird, wie Himmel und Erde oder Geist und Universum miteinander verbunden sind. Die große Alternative, das Nichts, aus dem die Welt erschaffen ist, besteht vielleicht schon oder noch neben dem Universum, dort, wo es nicht ist und nur materie-, zeit- und raumloses Sein besteht.

Die entgegengesetzten Richtungen

Die unterschiedlichen Quellen der Erkenntnis: das Weltganze und die greifbare Materie

»Aus der Quelle der Dinge geschöpft hat die Seele des Menschen in gewissem Grad eine Mitwissenschaft der Schöpfung. Und der Mensch, lebt er auch am Ende der Tage, ist doch in dem Anfang der Zeit erschaffen.«

F. W. J. Schelling

»Der Mensch weiß endlich, dass er in der teilnahmslosen Unermesslichkeit des Universums allein ist, aus dem er zufällig hervortrat.«

Jacques Monod

Wer sich auf die Schöpfung einlässt, sieht mehr als nur die Oberfläche der Welt. Doch wie kann er das Erblickte denen mitteilen, die sich nur für die Oberfläche interessieren?

Unser Denken ist weltweit in einem grundlegenden Wandel. Man kann ihn pauschal so charakterisieren: Das Denken tendiert in eine Richtung, die sich dem seelischen Erleben wieder mehr öffnet und längst verdrängte Phänomene der Welt in neuem Licht erkennt. Andererseits wurde und wird der Wandel auch heftig bestritten und bekämpft. Dieser Kampf ist verständlich, denn er gefährdet lieb gewordene Denkgewohnheiten und geistige

Besitztümer, mit deren Hilfe alles so bleiben könnte, wie es ist.
Doch es kann nicht so bleiben, wie es ist, denn wenn sich nichts ändert, dann ändert sich eines Tages alles, und das auf eine brutale Weise. Wir sind daher gefragt. Wir alle. Es geht darum, was aus der Welt werden soll, wenn es so weitergeht wie derzeit. Was wir erleben, ist nur ein geringer Ausschnitt aus dem großen Ablauf des Weltgeschehens. Das Gewordene fließt in das Werdende. Wer sich nur für die Gegenwart interessiert, ist wie ein Blinder, der auf dem Weg stehen bleibt, auch angesichts heranrollender Gefahren. Die interessante Frage, die sich hier stellt, ist, welches Denken eine solche Haltung bestimmt und wie wir aus den engen Grenzen des gewohnten Denkens herausfinden können. Vor irgendwelchen Maßnahmen und Verhaltensänderungen müssen wir uns zunächst Gedanken darüber machen, auf welchem geistigen Boden wir uns bewegen, und die Wurzeln unseres Denkens erkennen.
Wir müssen Wege suchen und begehen, doch da tun sich Widersprüche auf. Wir irren herum, hoffen und zweifeln zugleich. Manchmal überkommt uns ein Gefühl der Dankbarkeit für alles Schöne in der Welt, doch wem sollen wir danken? Wir könnten einem Schöpfer danken, doch was wird aus unserem Dank, wenn die Stimmen immer lauter werden, die Welt sei ein Produkt des blinden Zufalls? Dem Zufall danken? Warum möchten wir danken, wenn es doch keinen Adressaten dieses Danks geben soll? Und immer wieder kommen neue Zweifel: Warum sollten wir danken angesichts dessen, was so alles Widerwärtiges auf der Erde passiert?
Unser psychisches Erleben ist nicht nur Privatsache. Wir Menschen sind geistig alle miteinander mehr oder weni-

ger fest verbunden. Denken steckt an und greift über. Weisheiten, die Tausende Jahre alt sind und aus dem anderen Ende der Welt stammen, wie zum Beispiel das Taoteking von Laotse, blieben uns bis heute verständlich und nachvollziehbar. Wie wir heute die Schöpfung erleben, das ist nicht nur Privatsache, sondern zugleich auch ein Signal für unser Handeln als Einzelne oder in der Gemeinschaft. Denn wir sind nicht machtlos. Von unserem konkreten Verhalten im Alltag hängt mehr ab, als wir vielleicht annehmen. Wie ernähren wir uns? Welche Lebensmittel kaufen wir? Wo kaufen wir sie? Wozu benützen wir unser Auto? Wie fahren wir es? Was tun wir in unserer Freizeit? Wohin und wie oft verreisen wir? Was lesen wir? Wie lange sitzen wir vor dem Fernseher? Welche Sendungen sehen wir? Was erklären wir unseren Kindern? Worüber reden wir mit andern? Solche Fragen und noch viele mehr stellen sich uns als Privatleute. Für Handelnde in Forschung, Lehre, in den Medien, in Wirtschaft und Politik ist die Verantwortung natürlich noch größer. Auch hier kann ein einzelner Gedanke, ein einzelnes Wort manches grundsätzlich entscheiden. Und im Übrigen gilt: Denken steckt an und färbt ab, im Positiven wie im Negativen. Daher ist jeder gefragt. Unser Denken bleibt nicht verborgen.

Doch was tun wir, wenn die Wegweiser, an denen wir uns orientieren wollen, in völlig verschiedene Richtungen zeigen? Ist die Schöpfung ein Werk aus einer uns alle umfassenden Zeitlosigkeit, mit der uns schwache Ahnungen verbinden, wie Schelling meint, oder ist sie ein Ergebnis blinder Zufälle, wie Monod behauptet? Die beiden Autoren stehen hier nur als Beispiele für die auseinander führenden Wege, die unserem Denken offen stehen. Sollen wir einem der beiden Recht geben oder keinem oder beiden?

Der Dichter Johann Peter Hebel aus dem Südschwarzwald hatte auf diese Frage eine einfache Antwort: Wer am Kreuzweg nicht weiterweiß, soll zuerst sein Gewissen fragen, das mit uns in unserer Muttersprache redet, und seinen Rat befolgen. (»'s cha dütsch, Gottlob, und folg si'm Roth.«) Wir wollen die beiden entgegengesetzten Richtungen beleuchten.

Die eine Richtung setzt alle Hoffnung auf den weiteren Fortschritt der Technik. Als die Informatik noch ungewohnt und in die stürmischste Entwicklung geraten war, vor allem in den Siebzigerjahren des vergangenen Jahrhunderts, verkündete der Informatik-Professor Karl Steinbuch euphorische Hoffnungen in den weiteren technischen Fortschritt und verurteilte alle, die es wagten, dessen Folgen skeptisch zu beurteilen: »Es ist bereits ein Zeichen der Hysterie, wenn der Nachweis konstruiert wird, wir stünden jetzt vor einer total neuen, historischen Situation« (Maßlos informiert, 1978). Steinbuch, einst ein Idol der Technokraten, wollte damals, vor über einem Vierteljahrhundert, nichts davon wissen, dass Denker, die den allgemeinen Sinneswandel schon ahnten und propagierten, keine Hysteriker und Ignoranten waren. Er beschimpfte sie in einem gewaltigen Rundumschlag als Menschen, die »grobschlächtig linke Demagogie ohne Sachverstand und Verantwortungsbewusstsein, vielfach jenseits der Grenze psychischer Normalität« verkündeten. Die von Steinbuch erwähnten Opfer solcher einfach strukturierten Verunglimpfungen waren immerhin Leute wie Friedrich Georg Jünger, Günter Anders, Rachel Carson, Carl Amery, Herbert Gruhl, Dennis Meadows, Ivan Illich, Robert Jungk und andere, allesamt Autoren, die man im Gegensatz zu Steinbuch heute noch beachtet.

Wenn die von Steinbuch geschmähten Autoren pauschal alles Technische von vornherein verdammt hätten, dann müsste man ihm zum Teil Recht geben. Was sie allerdings propagierten, war nicht die pauschale Ächtung der Technik und ihrer Fortschritte, sondern das blindwütige Vertrauen in die totale Machbarkeit, in die Beherrschung der Welt allein mit weiterem technischen Fortschritt. Sie warnten vor den Auswüchsen und Gefahren des technokratischen Denkens und Handelns.

Den Skeptikern und Warnern stellte Steinbuch diese These gegenüber: »Die schwereren Probleme unserer Zeit können auch mit den stärkeren Mitteln unserer Technik gelöst werden.« Jetzt, nachdem über zweieinhalb Jahrzehnte seit diesen Äußerungen verflossen sind, können wir sie aus etwas größerer Distanz betrachten. Gewaltige Fortschritte hat es gegeben, auch solche zum Positiven hin. Doch welche globalen Probleme wurden mit ihnen gelöst? Manche Tropfen sind auf den heißen Steinen verdampft, doch von dem, was in den Schriften der pauschal verunglimpften Autoren festgestellt und gefordert wurde, hat sich im Grund wenig zum Besseren und vieles zum Übleren gewendet. Man braucht dazu nur Stichworte zu nennen: Ausbeutung der Ressourcen, Klimawandel, Verarmung der unterentwickelten Länder, Terrorismus, Polarisierung der Weltanschauungen usw.

Natürlich brauchen wir Forschung und weitere technische Fortschritte. Was wir jedoch nicht mehr brauchen, das ist das blindwütige Vertrauen in alles, was von der Forschung und von der Industrie als Fortschritt gepriesen wird. Obwohl die hemmungslose Ideologie, die damals nicht nur von Steinbuch, sondern auch von anderen Protagonisten der Technik gebilligt wurde, heute eigentlich nicht mehr gesellschaftsfähig sein dürfte, wird sie von

der Mehrheit der Bequemdenker und von denen, die an ihr verdienen, nach wie vor vertreten.
Doch nun zur anderen Richtung der Wege. Sie geht von der Annahme aus, dass jede Besserung zunächst aus dem Innern des Menschen kommen muss. Propheten im weitesten, weltlichen Sinne, wie die oben von Steinbuch als abschreckende Beispiele genannten Autoren, sind Menschen, die weite Zusammenhänge aus dem Weltganzen erblicken. Ihre Visionen kommen nicht aus den Vordergründen des Alltags, sie nehmen Verbindungen aus scheinbar weit entfernten Details wahr und erkennen Kräfte, die zwischen ihnen wirken. Sie »schöpfen aus der Quelle der Dinge«, wie Schelling formulierte, und nicht aus dem stehenden Gewässer. Solche Menschen sind, wie andere auch, immer wieder ihren eigenen Irrtümern und Fehleinschätzungen ausgeliefert, doch ihr weiter Horizont lässt sie auf Wohltaten oder Abgründe der möglichen Zukunft blicken. Sie haben es nie leicht mit den anderen, weil sie von Dingen reden, die man vordergründig nicht oder noch nicht wahrnehmen kann und daher leugnet. Daher hält man sie für »jenseits der psychischen Normalität« oder, um es kürzer zu sagen, für Spinner. Solche Weiterdenker haben meist ein engeres Verhältnis zum Seelenleben der Menschen. Denn wo das Neue keine seelische Komponente hat, irrt es ziel- und substanzlos in der Welt herum und richtet Schaden an den Menschen und an der Schöpfung an.
Die Schöpfung ist nicht ein Sammelsurium sinnloser Gegebenheiten, sondern sie zeigt uns einen Kosmos in einer Ordnung, die wir nur teilweise und immer nur sehr unvollkommen durchschauen. Diese Ordnung zu empfinden und das Handeln an diesen Empfindungen auszurichten, das ist unsere eigentliche Aufgabe im Leben. Die

folgenden Texte wollen diesem Denken und Handeln, das aus dem Innern kommt und mit dem Weltganzen auf unvorstellbare Weise verbunden ist, auf die Spur kommen.

Die vier Zugänge

Einstein – Meister Kosen – Delphi – Moses

»Und es ging aus von Eden ein Strom, zu wässern den Garten, und teilte sich von da an in vier Hauptwasser.«

1. Mose 2, 10

Mythen waren seit den Ursprüngen des menschlichen Denkens die vorherrschende Form der Welterklärung. Noch war man nicht fähig, die Phänomene der Welt in abstrakten Begriffen zu formulieren, und erklärte sie deshalb durch Bilder und Geschichten. Wir neigen heute dazu, solche Geschichten falsch zu deuten. Wir halten sie für die erfundene Vorspiegelung einer historischen Wahrheit. Damit tun wir dem Denken unserer weit entfernten Vorfahren bitter Unrecht. Wir können sie nicht dafür verantwortlich machen, dass ihrer Sprache die Begriffe noch fehlten, die uns heute leicht vom Mund und von der Feder gehen. Ihr Denken und Reden hatte einen anderen Reichtum. Erst langsam erkannte man, dass abstraktes Denken auch zu einer Verarmung führen kann. Und es gibt auch heute noch Gedanken, die nach Bildern und Geschichten verlangen.

Neben der Magie der Worte gab es auch die Magie der Zahlen. Die Zahl Vier erscheint in den mythischen Überlieferungen mancher Kulturen mit besonderer Bedeutung. Die Griechen sprachen von vier Elementen und vier Tugenden. Es gibt vier Himmelsrichtungen, die den Weltkreis umfassen. Vier wird so zu einem Symbol alles Irdischen. Die vier Ströme, die aus dem Garten Eden fließen, können für die aus der Schöpfung in alle Welt fließende irdische Kraft gehalten werden. Die Namen der vier Flüsse erlauben keine geografische Ortsbeschreibung, wenn auch zwei von ihnen, Euphrat und Tigris, bis heute bekannt sind. Allerdings verbinden wir zumindest in unserer Zeit diese Gegend nicht gerade mit paradiesischen Vorstellungen.

Auch heute noch – oder wieder – können wir die Entstehung der Welt auf vierfache Weise betrachten, wir können versuchen, durch viererlei Zugänge den Tempel der Schöpfungsweisheit zu betreten:

1. durch naturwissenschaftliche Forschung;
2. durch Verinnerlichung dessen, was wir als die in der Welt wirkenden Kräfte erkennen können;
3. durch Selbsterkenntnis, die zugleich Erforschung dessen ist, was in uns seit Urzeiten an unbewusster Erfahrung verborgen ist;
4. durch Einsicht in die menschlichen Grenzen in Anerkennung einer höheren schöpferischen Kraft.

Diese Aufzählung klingt reichlich abstrakt, sie kann jedoch konkretisiert werden.

Der *erste* Zugang zum Tempel der Schöpfungsweisheit wird durch die berühmteste physikalische Formel des 20. Jahrhunderts symbolisiert: $E = mc^2$. Mit seiner allgemeinen Relativitätstheorie schuf Albert Einstein die Grundlage für die Erforschung des Kosmos bis an die Grenzen der Raumzeit. Diese Formel, die Energie, Masse und Lichtgeschwindigkeit in Beziehung zueinander setzt, ist zu einem Kultgegenstand geworden, wies sie doch der Kosmologie, der Erforschung des Weltalls, neue, zuvor ungeahnte Möglichkeiten. Mit objektiven Methoden können Menschen die unermesslichen und für das Vorstellungsvermögen unfassbaren Dimensionen des Alls erkunden, bis hin zum alten Traum der Menschheit, körperlich ins All vorzudringen und wieder auf die Erde zurückzukehren.

Aufgrund solcher Erfolge und weiterer Fortschritte haben wir uns weitgehend angewöhnt, auch die Entstehung der Welt und der Entwicklung der Natur nur noch unter naturwissenschaftlichen Aspekten zu betrachten. Ein weiterer Traum der naturwissenschaftlichen Forschung zielt dahin, endlich die grundlegende, möglichst in eine Formel zu pressende Theorie des Universums zu finden. Heisenberg und Hawking sind nicht die Einzigen, die sich auf die Suche nach einer solchen Entschlüsselung der Schöpfung machten.

Der *zweite* Zugang steht über dem Tor zum Obaku-Tempel in der japanischen Stadt Kyoto. Dort soll eine ungewöhnlich große, kunstvoll in Holz geschnitzte Inschrift nur aus den Zeichen für »Der erste Ursprung« bestehen. Welche Wirkung können diese Worte auf den, der den Tempel betritt, ausüben? Die folgende Deutung war dem Meister Kosen, der im 18. Jahrhundert die Schriftzüge entworfen hat, möglicherweise noch nicht gegenwärtig. Hier hast du die Möglichkeit, die Quellen der Welt zu erkennen. Der Ursprung ist nicht einfach nur der Beginn von etwas, ein Vorgang in längst vergangener Urzeit, sondern der unablässig sprudelnde Quell, aus dem der Fluss der Gegenwart gespeist wird. Ohne den ständig aktiven Ursprung kann nichts geschehen. Ursachen können in der Vergangenheit gesucht werden, doch der wahre Ursprung liegt in Vergangenheit, Gegenwart und Zukunft zugleich. Solange er sprudelt, ist die Zeit aufgehoben. Die Tempelinschrift könnte auch bedeuten: Wenn du hier meditierst, findest du in dir vielleicht irgendwann einmal den Ort, an dem die Welt entsprungen ist und immer wieder neu entspringt. Der erste Ursprung ist die Quelle aller Quellen, das, woraus der Kosmos und die Zeit fließen. Sie fließen nicht einfach nur vorüber wie der Fluss, den du von der Brücke aus vorüberziehen siehst, sondern es ist die zeitliche und die ewige Welt zugleich, die durch dich hindurchströmen. Du strömst in und mit der Welt.

Der *dritte* Zugang ist eine andere berühmte Inschrift. Sie stand am Apollotempel in Delphi und forderte die Pilger aus ganz Griechenland, die nach Delphi gekommen waren, mit folgenden Worten heraus: »Erkenne dich selbst!« Der Pilger, der erhoffte, von seiner Reise nach Delphi nützliche Informationen über die Zukunft und vor allem über den Umgang mit den Göttern und der Welt mit nach Hause zu bringen, wurde mit diesen Worten zwar nicht abgewiesen, vermutlich jedoch ernüchtert. Vielleicht war das etwa so gemeint: Pilger! Geh erst mal in dich, betrachte deine Seele und suche das Schicksal deiner Welt nicht bei anderen, sondern zuallererst in dir selbst. Nur so wirst du bereichert und beglückt heimkehren können. Wenn du dazu nicht bereit bist, kannst du gleich wieder umkehren und nach Hause wandern. Hier wirst du nichts finden. Noch allgemeiner könnte man das so verstehen: Im Selbst ist die ganze Welt enthalten. Die Worte von Delphi geben einen Hinweis und zeigen eine Richtung: Bringe dich selbst auf den Weg!

Der *vierte* Zugang ist weder in Holz geschnitzt noch in Marmor gemeißelt. Es ist der Eingang eines tragbaren

Tempels, der unzählige Millionen Mal auf der ganzen Erde verbreitet ist. Es ist der erste Satz der Bibel und zugleich ihre bis heute größte Provokation: »Im Anfang schuf Gott Himmel und Erde.« Es ist der Hinweis und das Gebot an alle Menschen, die höhere Macht zu achten und in Demut zu verehren. Bis in unsere Zeit wurde die Schöpfung, so wie sie im ersten Kapitel der Bibel beschrieben wird, als historisches, sogar in etwa datierbares Ereignis missverstanden, womöglich als eines, das sich innerhalb einer einzigen Woche abgespielt hat. Die Schöpfung als eine einmalige Tat Gottes ist, so gesehen, längst vorübergegangen, sie kommt nicht wieder, denn sie ist ja zu des Schöpfers Freude und Zufriedenheit ausgefallen, ein für alle Mal. Gott hat sich seit dem siebten Tag zur Ruhe gesetzt und beschränkt sich darauf, nur noch dann einzugreifen, wenn es die Menschen gar zu bunt treiben. – Ein solches Zerrbild des Weltbeginns kann entstehen, wenn man einzelne Texte, nicht aber die großen Zusammenhänge der Bibel betrachtet, wenn man die eigentliche Funktion der damaligen Bildersprache nicht versteht. Zugleich ist eine solche immer wieder geforderte buchstabengetreue Auslegung biblischer Sätze auch die Ursache dafür, dass seit der Aufklärung immer mehr Menschen mit dieser Art von Schöpfung nichts mehr zu tun haben wollen. Wenn es eine sinnvolle Schöpfung gegeben hätte, denken sie, dann wäre es den Menschen längst möglich gewesen, diesen Sinn zu entschlüsseln. Da dies aber bis dato nicht gelungen ist, bleibt scheinbar nur der Schluss auf eine grundlegende Alternative: Was in der Welt geschieht, ist entweder aus unveränderlichen Gesetzen herzuleiten und somit berechenbar oder es geschieht aus blindem Zufall.

Diese vier Zugänge oder Eröffnungen aus vier verschiedenen Zeiten und Kulturen umgrenzen das unendlich weite Feld aller Gedanken, die seit Menschengedenken um diese Frage herum gesponnen werden: Wie begann die Welt, wohin führt sie, wer hat sie geschaffen, wird sie gelenkt oder ist sie sich selbst überlassen, was verlangt sie von uns Menschen? Aus diesen Fragen ergeben sich weitere, nämlich die, auf welche Weise nach Lösung der alten Rätsel gesucht werden kann. Können wir eines Tages mit einer gültigen naturwissenschaftlichen Antwort auf solche Fragen rechnen oder wird diese uns auf immer verschlossen bleiben? Lohnt sich die Suche in der materiellen Welt überhaupt, ist es nicht besser, nach spirituellen Wegen der Welterkenntnis zu suchen? Die Spanne des menschlichen Denkens, die vom bloßen, scheinbar aussagelosen Wort »Der erste Ursprung« bis zu Einsteins berühmter Formel reicht, scheint unermesslich weit zu sein. Das ist sie aber nicht. Wir werden sehen, wie diese vier Eröffnungen bis in unsere Gegenwart nichts von ihrer Aktualität eingebüßt haben und im Denken unserer Zeit lebensbestimmend geblieben sind.

Nicht nur die Erde ist rund

Hawking und das randlose All

»Zeit und Raum sind endlich in ihrer Ausdehnung,
haben aber keine Grenze und keinen Rand.«

Stephen W. Hawking

»Mir ist, als wär ich jetzt zugleich
Kind, Knab und Mann und mehr.
Ich fühle: nur der Ring ist reich
durch seine Wiederkehr.«

Rainer Maria Rilke (1899)

Das Universum fährt Karussell, wir fahren mit. Wir erleben es täglich in uns, mit uns und an uns. Wir wachen und schlafen; die Erde dreht sich und kreist um die Sonne; das Jahr rundet sich von Frühling bis Winter; Pflanzen wachsen heran und verdorren; Menschen werden geboren und sterben wieder: Es ist ein ständiges Kommen und Gehen.

Seit Urzeiten wird dieser Zyklus besungen und meditativ verinnerlicht. Über diesem ständigen Auf und Ab, dem Kreisen aller Dinge soll nur eines beständig sein, das geistige, schöpferische Prinzip. Der Prophet Jesaja (40,8) drückt es so aus: »Das Gras verdorrt, die Blume verwelkt; aber das Wort unseres Gottes bleibt ewiglich.« Diese Aussage des Glaubens lässt sich mit naturwissenschaft-

lichen Methoden nicht belegen. Was man einst vergeblich versucht hatte, ist seit Kant kein Thema mehr.
Immerhin kommen kosmologische Forschungen zu dem Ergebnis, dass es Prinzipien gibt, die über das, was der Mensch seit Urzeiten täglich erlebte, weit hinausreichen. Nicht nur das Gras verdorrt und der Mensch geht dahin, sondern alles, was existiert, muss einem Kommen und Gehen unterworfen sein, nur sind die Zyklen von unterschiedlicher Dauer. Selbst unser Sonnensystem wird eines fernen »Tages« in sich zusammenbrechen. Tage wird es dann allerdings längst nicht mehr geben, jedenfalls nicht mehr auf der in die kalte Masse der Sonne wieder aufgenommenen Erde. Menschen, die von einem solchen Weltende träumen, müssten sich allerdings noch ein wenig gedulden, denn dieses Ereignis kann erst in einigen Milliarden Jahren stattfinden, zu einer »Zeit«, in der die Menschen schon längst nicht mehr existieren können, weil die Erde erkaltet oder zuvor verglüht sein wird. Ob die Erde dermaleinst den Hitze- oder Kältetod erleiden wird, braucht uns nicht zu bekümmern. Dass allerdings das Ende der Menschheit erst dann kommen wird, wenn die Erde uns nicht mehr beherbergen kann, ist so gut wie ausgeschlossen. Möglicherweise sorgt der Mensch längst vorher selbst für sein Ende.
Über ein All jenseits »unseres« Universums (die passenden Begriffe fehlen noch in unserer Sprache) mit seinen Milliarden Galaxien wird spekuliert. Einer der »Spekulanten« ist Stephen W. Hawking. Er stellt in seinem Werk »Das Universum in der Nussschale« (2003) eine Reihe von Denkmöglichkeiten dar. Unser unvorstellbar großes, immerhin in Lichtjahren abschätzbares Universum ist möglicherweise nicht das einzige. Denkbar ist die Existenz weiterer in verschiedenen Dimensionen existieren-

der Universen, zu denen unsere Kosmologen noch keinen wissenschaftlichen Zugang haben. Hawking sinnt daher über rotierende Universen und Zeitschleifen nach, in der selbst Einsteins angeblich nicht zu überbietende Lichtgeschwindigkeit der Konkurrenz weichen müsste. Andere gehen davon aus, dass der Kosmos pulst. Alle achtzig Milliarden Jahre zieht sich alles in sich zurück und stößt sich wieder aus. Dann löst ein Urknall den anderen ab, man muss nur ein bisschen Geduld haben, um solche Wiederholungen zu beobachten. Anders gesagt und gedacht: Zeit und Raum sind nicht gar so unendlich, wie man meinte, sie fangen gelegentlich wieder von vorn an, sie werden recycelt.
Statt dem Pulsen kann man auch von einer Drehbewegung ausgehen. Wir kennen seit Kindertagen das Prinzip, dass sich eine Scheibe außen schneller bewegt als innen. Je schneller sich das Kettenkarussell drehte, desto weiter außen wirbelten wir zu unserer Freude durch die Lüfte, denn der äußere Kreis ist länger als der innere. Ganz im Zentrum, an der sich drehenden Achse kommt man gar nicht vom Fleck, denn man kreist dort nur um sich selbst. Ähnlich muss es im All zugehen, meint Hawking. Am äußeren Rand des universalen Karussells bewegt sich alles in Lichtgeschwindigkeit. Universen, die sich in einer höheren Dimension drehen, also gewissermaßen außerhalb der Karussellbahn, nehmen nach dieser Hypothese eine Geschwindigkeit an, die jenseits der von Einstein als absolutes Höchstmaß postulierten Lichtgeschwindigkeit liegen muss. Außerdem ist daraus zu folgern, dass es an der Drehachse der Universen keine Zeit und keinen Raum gibt, weil hier die Rotationsbewegung in sich geschlossen ist. Hawking nennt dies den »Totpunkt«. Doch auch diese Universen jenseits unserer an drei Dimensio-

nen gebundenen Vorstellungen wären dann ihrerseits auch wieder Bestandteil einer weiteren randlosen Ordnung im »Multiversum«. Und immer so weiter? Wer weiß das?
Das randlose All und die randlose Zeit sorgen für Kommen und Gehen der sich überlagernden Welten mit ihren unvorstellbar weit entfernten Galaxien, vielleicht auch für Wiederholung des bereits Dagewesenen. Ihr Untergang und Zusammensinken in »schwarze Löcher« in drei und, je nach Universum, in höheren Dimensionen würde dann den »Humus« bilden für neue Welten mit Galaxien und Sonnensystemen jenseits unserer Zeit- und Raumvorstellungen. Es wächst etwas heran und ermöglicht eine neue Schöpfung – oder müsste man dann von Schöpfungen in der Mehrzahl sprechen? Hawking vergleicht das All mit der Erde. Zeit und Raum wären wie die Oberfläche der Erde, nur dass sie zwei weitere Dimensionen hätten. Die Oberfläche der Erde ist endlich, weist aber keine Grenze auf.
Hawking gibt die Hoffnung nicht auf, mit Hilfe wissenschaftlicher Gesetze herauszufinden, wie das Universum begonnen hat. Er scheint allenfalls vor einer Frage zu scheuen, das ist die: Warum ist das Weltall entstanden? Durch wen, was oder wie wurde das ganze System in Gang gesetzt? Man kann alles bis ins Unendliche erweitern, letztlich bleibt immer noch die uralte Frage nach dem Urheber. So schiebt man das Problem hinaus, ohne es je zu lösen. Was Forscher beobachten können, ist immer nur das, was geschehen ist oder was geschieht. Das große Warum liegt jenseits der Physik, es wird nie gelingen, es aus der Metaphysik in die Physik herüberzuziehen.
Wenn das Wort des Propheten auch gilt, soweit es nicht

nur um Blumen und Menschen geht, sondern auch um Zeit, Raum und Galaxien, dann steht auch über ihnen der Geist Gottes. Eine Frage, die Hawking nicht stellt, müsste dann so lauten: Gibt es den Dreh- und Angelpunkt aller Wirklichkeiten? Gibt es also einen Raum außerhalb aller Räume und einen Punkt außerhalb des gedachten zentralen Punktes, der weder Materie noch Raum, noch Zeit einnimmt, in dem sich »Natur« (im weitesten Sinne) und »Geist« vereinen? Gibt es eine Weltvorstellung, in der Zeit und Entfernung keine Rolle spielen, in der es nicht nur eine absolute Gleichzeitigkeit, sondern auch Gleichräumigkeit gibt? In ihr könnte man gleichzeitig jung und alt oder, wie es in Rilkes Gedicht heißt, »Kind, Knab und Mann« sein.

Auch wenn wir wissen, dass wir solche Fragen zumindest mit naturwissenschaftlichen Methoden nicht beantworten können, bringt uns schon das Nachdenken über sie weiter. Eine unbeantwortete Frage hat ihr Eigenleben. Sie ist ein Stück Weisheit jenseits des Wissens. Sie vermittelt uns Denkbrücken zu weiteren Rätseln, über die wir nachsinnen können.

Die Scheinwelt im Atom

Quantenphysik – Idealismus – Mystik

»Der Mensch, in dessen Erfahrung wir die Einheit der Natur auffinden, ist zugleich Teil der Natur.«

Carl Friedrich von Weizsäcker

Wir sind ein Teil dessen, was wir erleben. Es ist die große Illusion der Menschen, immer zu meinen, andere müssten das Gleiche erleben und beobachten können wie sie selbst. Da gibt es jedoch Ernüchterungen, die ein ganzes Denkgerüst zum Einsturz bringen können. Pausenunterhaltung zweier Besucherinnen eines Symphoniekonzerts: »Mir war das Tempo des ersten Satzes zu schleppend. Wie so oft haben die Bläser etwas verzögert eingesetzt. Der satte Klang der Streicher gefiel mir, doch der Dirigent hatte seine Augen zu viel in der Partitur und zu wenig im Orchester. Insgesamt eine recht ordentliche Interpretation …« Die andere schwärmte: »Ich war wie verzaubert. Ich hörte Klänge aus fernen Welten. Manchmal spürte ich, wie der Abendwind das Ufergebüsch bewegte. Und dann wieder war ich selbst ein Kind, das einsam einen Weg am Wald entlanggeht.« Wer solche Gespräche hört, kann sich kaum vorstellen, dass die beiden vom gleichen Konzert redeten. Beide haben die gleiche Musik gehört, dabei aber völlig Verschiedenes erlebt.

Solches Aneinandervorbeidenken sind wir gewohnt. Doch in der Naturwissenschaft, meinen wir, ist das anders, hier gibt es objektive Kriterien, die sich jedem Forscher auf gleiche Weise zeigen wie mathematische Formeln. Das stimmt weitgehend in den Bereichen der klassischen Physik. Doch gilt das auch für die Kernphysik?

Werner Heisenberg (1901–1976) berichtete einmal über eine Tagung in Kopenhagen im Jahr 1926, bei der es Diskussionen zwischen ihm, Niels Bohr und Erwin Schrödinger gegeben hatte. Es ging um die Deutung der dynamischen Atomstruktur. Handelt es sich hier um Energien, Frequenzen, Materiewellen oder um etwas vollkommen anderes? Keiner der erörterten Begriffe erklärte das, was man wusste oder zu wissen meinte. Heisenberg schreibt: »Ich erinnerte mich an viele Diskussionen mit Bohr, die bis spät in die Nacht dauerten und fast in Verzweiflung endeten. Und wenn ich am Ende solcher Diskussionen noch allein einen kurzen Spaziergang im benachbarten Park unternahm, wiederholte ich mir immer wieder die Frage, ob die Natur wirklich so absurd sein könne, wie sie uns in diesen Atomexperimenten erschien« (Physik und Philosophie, 25).

Erst das Eingeständnis, dass vorhandene Denkmuster nicht ausreichten, das scheinbar Unerklärliche zu erklären, brachte weitere Fortschritte. Werner Heisenberg schrieb daher einmal: »Die Quantentheorie ist ein wunderbares Beispiel dafür, dass man einen Sachverhalt in völliger Klarheit verstanden haben kann und gleichzeitig doch weiß, dass man nur in Bildern und Gleichnissen von ihm reden kann« (Der Teil und das Ganze, 326).

Dieses Wort gilt nicht nur für die Quantentheorie, sondern seit Urzeiten für fast alles, was man nur mit dem Gefühl oder dem Herz verstehen kann. Es wäre ein sinnloses Unterfangen, wollte ein Weiser seine Visionen aus dem Unendlichen in abstrakte, herleitbare Begriffe kleiden. Die Rede vom verdorrenden und wieder wachsenden Gras ist etwas völlig anderes und viel mehr als die Beschreibung eines botanischen Vorgangs. Es ist die Erfahrung von Zyklen, die weit über das hinausgehen, was der Mensch körperlich erlebt und in Worte fassen kann. Es ist zugleich ein Eindringen in eine geistige Welt, die außerhalb der körperlichen Erfahrung wirkt. Wir leben in der gleichen Schöpfung, erleben sie jedoch auf unterschiedliche Weise. Auch wenn das so ist, dürfen wir darüber nicht resignieren. Wir müssen uns über das Gemeinsame mit Respekt für den Andersdenkenden verständigen und nicht entzweien. Ständig müssen wir nach Ebenen suchen, in denen wir unsere subjektiven Erfahrungen mit denen der anderen austauschen und vergleichen können. Wo uns dies nicht gelingt, wird dem Zusammenleben der Boden entzogen. Im Wissen, dass wir Individuen sind und bleiben, können wir uns mit anderen Menschen auf höherer Ebene verbinden. Dies müsste auch für wissenschaftliche Auseinandersetzungen gelten.

Die Quantenphysiker suchten vergeblich nach geordneten Bahnen der Elementarteilchen. Stattdessen erkannten sie ein unentwirrbares Schwirren von Teilchen, Wellen oder Kräften, die für sich betrachtet nicht als Materie fassbar sind. Es erscheinen da keine Wirklichkeiten, sondern eher Tendenzen, Möglichkeiten und Wahrscheinlichkeiten, die dazu noch davon abhängen, mit welcher Vorstellung versucht wird, ihre Wirkungen wahrzunehmen. Der Beobachter wird zu einem Teil des Systems, das er beobachtet. Von ihm hängt es ab, was sich ihm zeigt. Die alte These von der Trennung zwischen Ich und Objekt verschwindet in einer Gesamtheit, die beide umfasst.

Die versuchte Analyse dessen, was uns als Materie erscheint, führte zu der Annahme, dass diese eine Unterstellung ist. Ihre eigentliche Wirklichkeit erwies sich als etwas Nichtseiendes, was dennoch ist. Es gibt da Strukturen, die diese Kräfte zusammenbinden, aber nirgends etwas, von dem man sagen kann: »Schaut her, das ist es.« Auch die Strukturen selbst sind nicht wahrnehmbar. Es erscheint nur ihr Ergebnis, nämlich das, was wir mit unseren Sinnen dann doch als materielle Form wahrnehmen können. Der Stuhl erscheint uns schließlich nicht nur als abstrakter Kräftewirbel im Kopf, sondern konkret weiter unten als Gegenstand, auf den man sich setzen kann, und zwar auch dann, wenn wir ihn nicht betrachten.
Der Kernphysiker und Nobelpreisträger Erwin Schrödinger (1887–1961) führte die quantentheoretische Einsicht von der Unwirklichkeit der Materie bis zur letzten denkbaren Konsequenz. Er sagte: »Die in Raum und Zeit ausgedehnte Welt existiert nur in unserer Vorstellung. Dass sie außerdem noch etwas anderes sei, dafür bietet jedenfalls die Erfahrung – wie schon Berkeley wusste – keinen Anhaltspunkt« (Dürr, 167). Der hier von Schrödinger erwähnte, aus Irland stammende Philosoph und anglikanische Bischof George Berkeley (1684–1753) wurde berühmt u. a. durch den von ihm ausgedeuteten Grundsatz: »Esse est percipi.« Das bedeutet: »Sein ist wahrgenommen werden«, oder frei übersetzt: »Dinge, die wir wahrnehmen, entstehen durch uns.« Einer der wichtigsten Sätze von Berkeley: »All things that exist exist only in the mind.« Arthur Schopenhauer übernahm, ohne zu zitieren, diesen Gedanken als Ausgangspunkt seines philosophischen Hauptwerks »Die Welt als Wille und Vorstellung«, das mit dem lapidaren Satz beginnt: »Die Welt ist meine Vorstellung.«

Sollte die Schöpfung nur ein geistiges Produkt sein, ein gigantischer Geistes- und Kräftewirbel ohne wirklich körperliche Substanz? Ist das, was wir wahrnehmen, nur ein Produkt unserer Sinne? Findet die Welt überhaupt nur in den Köpfen statt? Solche Gedanken lassen sich weiterspinnen. Wenn schon die Materie bei genauerer Untersuchung sich gewissermaßen in nichts auflöst, dann könnte dies auch für alles andere gelten, beispielsweise auch für Zeit und Raum. Das Weltall mit seinen unvorstellbaren Entfernungen würde nach einer solchen Vorstellung in einen virtuellen Punkt zusammenfallen, wenn es gelänge, die Sinne, die uns Zeiten und Räume vermitteln, auszuschalten. Dies wäre dann allerdings keine Neuigkeit, sondern etwas, was Mystiker seit Urzeiten immer wieder erlebt haben: der Zusammenfall der Schöpfung auf einen Punkt, der sich seelisch erschließt. Am kürzesten konnte solche Visionen Johann Scheffler (1624–1677) ausdrücken. Seine meist zweizeiligen Verse veröffentlichte er unter dem Pseudonym Angelus Silesius (Schlesischer Bote) in seiner Sammlung »Cherubinischer Wandersmann«. Drei Kostproben:

Nicht du bist in dem Ort, der Ort der ist in dir!
Wirfst du ihn aus, so steht die Ewigkeit schon hier.
(I,185)

Du sprichst: Versetze dich aus Zeit in Ewigkeit.
Ist dann an Zeit und Ewigkeit ein Unterscheid?
(I,189)

Man sagt, die Zeit ist schnell: wer hat sie sehen fliegen?
Sie bleibt ja unverruckt, im Welt-Begriffe liegen.
(V,23)

Sicher ist das idealistische Denken, also das Denken, das nicht die Materie, sondern das Urbild als Ausgangspunkt der Wahrnehmung ansieht, seit Urzeiten von solchen mystischen Wahrnehmungen beeinflusst, es hat jedoch auch ohne diese Bestand, wie sich im 20. Jahrhundert bei den physikalischen Forschungen nach dem Ursprung der Materie, fast könnte man sagen, überraschenderweise herausstellte. Die Atomphysiker gingen ganz bestimmt nicht von der Mystik aus, wenn auch manche fast dort gelandet sind. Berkeley war nicht der Erste, der die Materie verneinte, auch zweitausend Jahre vor ihm Platon nicht, der sich auf das Wissen der Pythagoreer stützen konnte.

Ausgangspunkt ist die zyklische Welt, die möglicherweise einer sich rundenden Zeit entspricht. Es bleibt die Frage nach dem, was die Welt bewegt, was den scheinbar ewigen Kreislauf in Gang setzt und unterhält. Zeigt sich dieser Antrieb im Universum oder im Atom oder wirkt in beiden die gleiche Kraft? Auf der Suche nach einer Lösung dieses Rätsels dachte Heisenberg über das Phänomen nach, dass es innerhalb des Atoms anscheinend keinen Zeitablauf gibt. Er sprach in diesem Zusammenhang sogar von »Zeitumkehr« und erwähnt Prozesse, »bei denen plötzlich an einem bestimmten Punkt Elementarteilchen erzeugt werden, für die die Energie erst später durch irgendwelche anderen Stoßprozesse zur Verfügung gestellt wurde« (Physik und Philosophie, 154). Sollte es diese Zeitumkehr oder, vielleicht besser gesagt, Zeitunabhängigkeit auch im Großen und Weltganzen geben, dann wäre damit unser festgefügtes Kausalitätsprinzip in Frage gestellt.

Schon Schelling dachte darüber nach: »In dem Zirkel, daraus alles wird, ist es kein Widerspruch, dass das, wo-

durch das Eine erzeugt wird, selbst wieder von ihm gezeugt werde. Es ist hier kein Erstes und kein Letztes, weil alles sich gegenseitig voraussetzt, keins das andere und doch nicht ohne das andere ist« (Das Wesen der menschlichen Freiheit, 1809). Schelling hätte damit die kausale Zeitaufgehobenheit postuliert, die sich über hundert Jahre später in der Kernphysik und in jüngster Zeit auch in der Kosmologie erkennen lässt.
Vor wie vielen Milliarden Jahren begann die Schöpfung? Darauf gibt es zwei Antworten. Die eine: Wir wissen es nicht, auch wenn wir den so genannten Urknall in etwa auf eine Zeit vor dreizehn bis zwanzig Milliarden Jahre datieren können. Die andere: Sie beginnt jetzt eben wieder in dieser Sekunde.

Der doppelte Anfang der Welt

Kosmologie und Kosmogonie

»Natur – der sichtbare Geist«

F. W. J. Schelling

Die Welt hatte einen doppelten Anfang: Sie ist geschaffen worden und sie ist von selbst entstanden. Nach unserer gängigen Logik passt das nicht zusammen, denn wir denken, die eine Aussage schließe die andere aus. Gibt es hier nur ein Entweder-oder? Kann nicht auch beides richtig sein?

Der vierjährige Balduin (ein Enkel des Verfassers) ruft eines Morgens ziemlich früh an und erzählt mit begeisterter Stimme seinen Traum, der hier mit seinen Worten wiedergegeben wird: »Ich bin mit der Seilbahn gefahren, aber die hat oben nicht aufgehört und ist immer, immer weitergefahren bis in den Himmel. Da kamen große Wolkentreppen, die bin ich ganz, ganz weit hinaufgestiegen und dann war ich in der Unendlichkeit. Da habe ich den lieben Gott gesehen. Und da war eine Tür zu einer Kammer, die habe ich aufgemacht. Das war die Kammer von Maria und Josef, aber die waren nicht da. Die mussten gerade auf der Erde helfen.« Auf die Frage, wie denn der liebe Gott ausgesehen habe, ging er nicht ein. Er redete einfach weiter: »In der Unendlichkeit habe ich ganz tolle helle Farben gesehen, Rot, Lila, Gelb, Grün und Blau, aber leider nicht Braun und Schwarz. – Dann bin ich die Wolkentreppen wieder hinuntergestiegen und war auf der Erde. Da bin ich mit Ferdinand [sein Bruder] Auto gefahren, da hat uns Papa abgeholt.« Zu bemerken ist hier, dass Balduin die Seilbahn kennt, die in Stuttgart zum Waldfriedhof fährt, er kennt auch die Kammer im Haus, in der manchmal die Großeltern übernachten, alles Übrige wurde ihm so nie beigebracht.

Der Traum von einer jenseitigen Welt ist so alt wie die Menschheit und kehrt immer wieder. Vermutlich haben kleine Kinder noch einen kürzeren Draht zu einer geistigen Urwelt als ältere Kinder und Erwachsene. Nach solchen zwar uneinheitlichen, doch immer wiederkehrenden Vorstellungen müssen die Impulse für die Erschaffung und Erhaltung der Welt von einer geistigen Ebene herrühren. Viele Mythen aus allen Epochen und Entwicklungsstufen von Kulturen versuchen, die welterschaffenden Kräfte als Personen darzustellen. Andere begnügen sich mit mehr oder weniger abstrakten Vorstellungen, wie geometrischen Formen oder, wie hier, dem Farbspektrum. Traumsymbole und mythische Vorstellungen können gesammelt und weltweit miteinander verglichen werden. Gemeinsam ist ihnen, dass sie aus einer nicht irdischen Vorstellungswelt stammen, die durch wiederkehrende Symbole eine eigenständige Realität erlangt.

In einer Gesellschaft, in der das mit wissenschaftlichen Methoden erforschte Weltbild dominiert, verlieren solche Gedanken jenseits aller objektiven Erforschbarkeit ihren Wert und dabei erhält das Wort »unwissenschaftlich« einen negativen Charakter. Da das Schöpferische von seinem Wesen her das Einmalige, das Neue sein muss, entzieht es sich insoweit der Forschung. Zurück bleibt die Suche nach Systemen und Methoden, mit deren Hilfe

man versuchen kann, das Neue aus dem Bestehenden abzuleiten.
Die Frage, ob die Welt ein Traum der Menschen oder vielleicht der Mensch nur ein Traum der Welt ist, ob Träume, so verstanden, eine Kraft sind, die dem Neuen vorausgeht, oder ob das Neue und das Andere Träume hervorbringen, darüber kann man mit dem menschlichen Denkvermögen nur spekulieren.
Bei solchen Überlegungen wird uns das große Rätsel immer wieder beschäftigen: Wie können geistige und materielle Vorgänge eine Einheit bilden? Wie können geistige Vorstellungen, wer auch immer sie hat, wie kann ein Traum Wirklichkeit werden; wie wird aus dem Gedanken das Werk? Und woher kommen unsere Erinnerungen; warum gehorchen auch sie uns oft nicht? Solche Fragen können auch mit einer naturwissenschaftlich betriebenen Gehirnforschung nicht beantwortet werden.
Die Welt hatte einen doppelten Anfang. Wenn wir sie verstehen wollen, dann müssen wir nicht nur das Beobachtbare, sondern auch das Hintergründige zur Kenntnis nehmen. Wir müssen bei der Welt unterscheiden zwischen ihren Äußerungen und ihrem Innenleben, um schließlich beides als eine Einheit anzusehen. Daraus folgt: Wir können das Beobachtbare mit unserer Vernunft durchdringen und den geistigen Hintergrund mit unserer Seele zu erfassen suchen.
Wie wir sehen werden, gab es Zeiten, in denen mehr oder weniger nur das eine oder das andere geschah. Denker vergangener Jahrhunderte suchten die Welt zu ergründen, obwohl sie von deren materieller Wirklichkeit nur blasse Ahnungen hatten, sie suchten wie Goethes Faust nach dem, »was die Welt im Innersten zusammenhält«, und missachteten dabei die Wirklichkeit. Die anderen,

und das ist bis in die Gegenwart der wohl größte Teil der Naturwissenschaftler, beschränkten sich auf die Forschung in der Materie, ohne sich zu fragen, ob denn nicht auch die Theorie mehr sei als nur das, was sich direkt oder indirekt über die Sinne von ihr vernehmen lässt.
Eine große geistige Chance fängt in unserer Zeit an, im Denken und hoffentlich auch im Handeln Gestalt zu gewinnen. Wir stehen jetzt der menschheitsalten Aufgabe, die Einheit von Natur und Geist zu ergründen, mit neuen Denkwerkzeugen gegenüber. Unsere geistige Ausrüstung, sofern wir sie nutzen, befähigt uns, neue Dimensionen zu erkennen. Die Forschung liefert uns überwältigende Erkenntnisse von einem Weltbeginn, der, wenn wir das so verstehen wollen, bis heute in uns nachwirkt, auf eine Weise, die wir nur teilweise ergründen können. F. W. J. Schelling schrieb das schon zitierte Wort: »Aus der Quelle der Dinge geschöpft, hat die Seele des Menschen in gewissem Grad eine Mitwissenschaft der Schöpfung« (Die Weltalter, Nachlassband, 205). Diese unbewusste »Mitwissenschaft der Schöpfung« war für Schelling kein leeres Wort oder eine abstrakte Hoffnung. Schon Jahre zuvor hatte er in seinem »Entwurf eines Systems der Naturphilosophie« (1799) folgende überraschende These vertreten: »Wir behaupten also, das Universum habe (...) vermittelst einer immer fortgehenden Explosion sich selbst hervorgebracht« (2,120). Zu dieser Erkenntnis kam der damals Vierundzwanzigjährige nicht durch astronomische Forschung, die damals noch längst nicht in der Lage war, solche Thesen aufzustellen, sondern durch seine eigene »Ahnung«. So ist es auch zu verstehen, dass Schelling seine These im Text aus waghalsigen Spekulationen herzuleiten versuchte, die noch nie nachvollziehbar waren. Er wollte sein Wissen erklären und schei-

terte damit, weil er selbst nicht wusste, woher er es hatte.
Heute unterscheiden wir zwischen Kosmo-gonie und Kosmo-logie. Kosmogonie leitet die Weltentstehung seit Menschengedenken aus dunklen Vorstellungen und Ahnungen her, die in allen Völkern in Form von Mythen weitergetragen wurden. Kosmologie ist dagegen ein nur naturwissenschaftlicher Forschungsbereich, der das Weltall und vor allem seinen Beginn mit astronomischen und astrophysikalischen Beobachtungen zu erkunden sucht. In der These Schellings, der sich ja zeitlebens mit Mythologie, doch nie ernsthaft mit Astronomie befasste, können wir einen Berührungspunkt zwischen den sonst unabhängig voneinander bestehenden Bereichen Kosmologie und Kosmogonie entdecken. Schelling war es auch, der den Zusammenhang zwischen Natur (Materie) und Geist in einem Satz charakterisierte: »Die Natur soll der sichtbare Geist, der Geist die unsichtbare Natur sein« (Ideen zu einer Philosophie der Natur, 1,706). Der sichtbar werdende, den Sinnen als Materie zugängliche, also erforschbare Geist, das ist das Gebiet der Naturwissenschaft. Wer sich jedoch auf den Geist einlässt, muss immer wissen, dass er sich in der Natur auswirkt, also nicht auf sich selbst beschränkt bleibt. Was daraus folgt, wenn solche Zusammenhänge vernachlässigt werden, zeigt ein Blick in unsere Welt, unseren Umgang mit der Natur und mit den Menschen.
Die von Schelling vorausgeahnte »Explosion«, heute »Urknall« (Big Bang) genannt, wurde erst im 20. Jahrhundert, hundertdreißig Jahre nach ihrer vagen Vorahnung, entdeckt. Die beiden entscheidenden Theorien stammen von dem amerikanischen Astronomen Edwin Powell Hubble (1889–1953). Er entdeckte 1924, dass

»unsere« Milchstraße eine Galaxie unter zahllosen anderen ist. Diese haben aber keinen »Ort« im Weltraum, sondern flüchten in alle Richtungen, sie streben mit großer Geschwindigkeit auseinander, wie Hubble 1929 anhand der so genannten Rotlichtverschiebung feststellen konnte. Tiefe Innenschichten der menschlichen Erkenntnis können sich durchaus auch auf materielle Vorgänge erstrecken, doch beweisen können sie nichts. Der Mensch erkennt im Unbewussten Bilder, Symbole und Mythen. Der Forscher sucht nach Fakten. Doch es gibt hier Zusammenhänge, die man nicht verkennen sollte.

Stephen Hawking vertritt die Ansicht, kein »wirklicher Wissenschaftler« dürfe den Standpunkt vertreten, für den Ursprung des Universums seien Metaphysik oder Religion zuständig. Daraus folgert er: »Wir müssen uns bemühen, den Anfang des Universums mit den Mitteln der Naturwissenschaft zu begreifen« (Nussschale, 87). Natürlich hat Hawking mit diesen Aussagen in einer Hinsicht Recht: Es kann und darf für die Naturwissenschaft, zumindest auf diesem Gebiet, kein Tabu geben. Sie kann nicht einfach sagen: Bis hierher kann geforscht werden, für alles Weitere ist die Bibel oder der Koran zuständig. Doch erweckt er andererseits mit seinem Alleinvertretungsanspruch und als bekennender »Positivist« den Eindruck, als gäbe es auf diesem Gebiet *nur* naturwissenschaftliche Erkenntnisse und nicht auch die Aufgabe, die geistige Komponente zu ergründen. Hawking und alle in seinem Sinne denkenden angeblich »wirklichen Wissenschaftler« umgehen diese Frage auf eine scheinbar höchst einfache Weise: »Man kann sich das Universum als riesiges Casino vorstellen, in dem bei jeder Gelegenheit Würfel geworfen und Rouletteräder gedreht werden.« Das Universum würfle ständig, meint Hawking und damit ist die »metaphysische« Frage ein für alle Mal abgehandelt, um nicht zu sagen, auf einfachste Weise entsorgt. Als ob es darüber in der Welt nicht mehr zu erfahren, zu erspüren und zu sagen gäbe! »Wirkliche Wissenschaftler«, wie z. B. Einstein einer war, gingen mit dieser Kernfrage der Wissenschaft nicht so großspurig um wie Hawking. Das große Warum wird von den meisten ausgeklammert, weil man ihm nicht auf die Spur kommt. Ihnen geht es wie dem Fuchs, der meint, die unerreichbaren Trauben seien ihm zu sauer. Stattdessen begnügt man sich mit dem »Gott« Zufall. Der wird uns noch beschäftigen.

Die Baustelle auf der Autobahn

Der Zufall bei Hegel, Camus und Monod

»Die Wahrheit der Zufälligkeit ist die Notwendigkeit.«

G. W. F. Hegel

Der Glaube an den Zufall ist der einzige Glaube, in dem man sich frei von Aberglauben wähnen kann. Doch leider ist auch dieser Glaube ein Aberglaube.

Als Hegel in seinen Vorlesungen über die Philosophie der Religion (1821) den oben zitierten Satz verwendet, belegt er ihn wie üblich zunächst überhaupt nicht. Er nennt keine Beispiele und fährt seinen Text mit höchst abstrakten Sätzen fort, aus denen sich kein Bezug auf die Wirklichkeit herleiten lässt, nämlich so: »... dies ist ein Dasein, vermittelt durch sein Nichtsein mit sich selbst.« Studenten, die das damals auf Anhieb verstanden haben, müssten eigentlich genauso genial gewesen sein wie Hegel selbst. Doch der Einzige unter ihnen, von dem man dies annehmen konnte, der eifersüchtige Schopenhauer, kommentierte solche Texte als »geistlosen Unsinn und hohlen Wortkram«.

Eine riesige Baustelle auf der Autobahn. Staus und stockender Verkehr fast rund um die Uhr. Eine Anschlussstelle wird ausgebaut und erweitert. Wer in gewissen Abständen die Baustelle befährt, wird jedes Mal mit neuen

Provisorien, Behelfsbrücken, Ausleitungen, Engstellen und natürlich Behinderungen konfrontiert. Im Stau hat man Zeit, nachzudenken und zu beobachten, was da alles transportiert wird: Gut verdeckte Schlachtviehtransporte aus Ungarn nach Dänemark und von dort über Spanien nach Italien, ausgerichtet nach Marktpreisen und EU-Zuschüssen; Quellwasser in Plastikflaschen aus der Auvergne nach Berlin in der Annahme, solcherart behandeltes Wasser sei nach dem Transport über tausend und mehr Kilometer immer noch so gut wie dort, wo es aus dem Boden dringt; Schrottautos aus Frankreich nach Polen, Umzugsgut aus Freiburg nach Hannover und noch vieles mehr. Die Menschen rücken auseinander und pendeln über immer größere Entfernungen. Mit ihrem Wohnort verbindet sie nur noch die Grundsteuer. Die Welt wird umgeräumt und dazu müssen die Straßen sich ins Land fressen; die Obstwiesen weichen der Standspur. Doch was wird aus der Baustelle? So fragt man sich, während man wieder eine Wagenlänge vorrücken kann.
Der uneingeweihte Beobachter erkennt nur ein sich wandelndes Chaos von Kranen, Planierraupen, Stahlträgern, Betoniermaschinen und vielem mehr. Er könnte, wenn er es nicht anders wüsste, fragen: Wie soll das alles werden, passt das in ein Konzept, werden die jemals fertig, hat da einer überhaupt noch den Überblick oder arbeiten die einfach planlos vor sich hin, nach dem Prinzip: Mal sehen, was zustande kommt? Wenn es nichts taugt, machen wir etwas anderes? Manchmal erspäht man im Vorüberschleichen einen Menschen mit gelbem Schutzhelm, der einen Plan vor sich hin hält, in den noch zwei andere hineinschauen. Ist er es, der Bescheid weiß, oder gibt es da noch andere Planer im fernen Hintergrund? Doch schließlich, nach drei oder vier Jahren ist alles vorbei. Die

Anschlussstelle wird freigegeben und der Verkehr fließt ungehindert dahin, als ob nichts gewesen wäre. Alles hat seinen sinnvoll gefügten Platz. Vergessen sind Chaos und Stau.

Ist ein solcher Straßenbau ein ins Winzige verkleinertes Abbild der Schöpfung? Wie würde ein denkendes Wesen aus einer anderen Welt, das nur diese eine Stelle ins Visier nimmt, über das Geschehen an dieser Baustelle urteilen? Dieses Wesen beobachtet, wie im Lauf der Zeit aus einem Chaos eine Ordnung entsteht, es erkennt wie wohl auch mancher Autofahrer im Werden keinen Plan, keinen Endzustand und vor allem nicht die treibende Kraft. Vielleicht würde dieses Wesen nach Rückkehr auf seinem fernen Planeten berichten, man habe auf der Erde Ameisen und Menschen erforscht. Offensichtlich seien die Ameisen die intelligenteren Wesen. Sie bauten ihren Staat nach einem bestimmten Konzept und nach bestimmten Regeln, die sie genau beherrschen, während die Menschen kopflos geschäftig in ihren Baustellen herumhantierten und eigentlich nur zuschauten, wie jedes Mal etwas ganz anderes durch Zufall entstehe.

Wir Menschen können das natürlich alles besser beurteilen. Wir wissen, dass die Autobahnkreuzung nach langen Verhandlungen und Vorarbeiten von fachkundigen Ingenieuren minutiös geplant wurde. Entweder werden die Pläne vor Baubeginn ganz fertig gestellt oder sie werden im Lauf der Bauzeit fortgeschrieben und immer wieder planerisch den Gegebenheiten angepasst; und selbst unvorhergesehene Schwierigkeiten, die während der Bauzeit auftreten, werden zunächst am Schreibtisch bzw. am Computer gelöst. Und wenn dann doch einmal improvisiert werden muss, dann weiß irgendjemand Bescheid, was er tut und warum er es tut. Der Zufall, was das auch

immer sein mag, wird von Fachleuten bekämpft und möglichst ausgeschaltet. Der Zufall scheint, so betrachtet, der Feind der Bauleute zu sein, weil er ständig versucht, ihnen in die Pläne zu pfuschen.
Da Hegel die Gedanken des Autofahrers im Stau an der Baustelle nicht gekannt hat, muss auch er wie sein Kollege Schelling eine gewisse Vorahnung der Autobahn und vielleicht sogar der Datenautobahn im Kopf gehabt haben. Einem Menschen, der das Geistige nicht erkennt und anerkennt, muss alles, was aus ihm fließt, als Zufälligkeit erscheinen. Hegel kannte noch nicht den Streit der Biologen um den Zufall in der Evolution, doch das Thema ist jenseits der Biologie schon seit dem Altertum bekannt. Schließlich ringt sich Hegel doch noch zu einem Beispiel durch. Wenn ein Mensch sterben soll, dann kann den Tod ein zufälliges Ereignis, z. B. ein herunterfallender Ziegel, verursachen. Das scheinbar zufällige Ereignis geschah aus einer inneren Notwendigkeit. Hegels Weltgeist bedient sich der Zufälle, um seine Ziele zu erreichen. Das Dasein des Zufalls ist sein Nichtsein mit sich selbst, meint Hegel, einfacher gesagt: Was wir für Zufall halten müssen, weil wir sein Ziel nicht kennen, ist etwas anderes. Es entspringt einer geistigen Notwendigkeit.
Während der Zufall, wie wir gesehen haben, der Feind der Bauleute ist, wird er von anderen wie ein gottloser Gott verehrt. Nach den derzeit noch gültigen Dogmen der Biologie ist Zufall der allmächtige Schöpfer der unbelebten und belebten Welt. Zufall ist der blinde und taube Gott, der nichts weiß, nichts plant, nichts vorhersieht, nichts will und doch alles kann. Er arbeitet ohne Ziel und Ende. Seine Erfolge sind unvorhersehbar. Wenn man ihm genügend Zeit lässt, schafft er aus dem Nichts mathematische Gesetze, legt die Lichtgeschwindigkeit

fest, erzeugt Galaxien und aus ein paar Eiweißmolekülen lässt er Muscheln, Marienkäfer, Saurier und zuletzt noch Menschen wie Dschingis Khan, Hitler, Sokrates, Augustinus, Mozart, Einstein, Elisabeth, genannt Lieschen Müller und Milliarden anderer entstehen, die geboren werden, sich ernähren und vermehren und am Ende des Lebens ihren Platz auf der Erde für nachkommende Generationen wieder frei machen. Zufall ist der alles könnende Nichtskönner. Er ist der paradoxe Gott, der machen könnte, was er wollte, wenn er wollen könnte.

Charles Darwin ist sein unschuldiger Prophet. Die auf ihn zurückgeführte Dogmenlehre wird von vielen Wissenschaftlern immer noch mit Zähnen und Klauen verteidigt, auch wenn deren Zahl allmählich schrumpft. Darwin hat am Dogmatismus der Neo-Darwinisten genauso viel und so wenig schuld wie Marx am Stalinismus.

Der Zufall ist frei, soweit er sich nicht in die von ihm selbst geschaffenen Notwendigkeiten einfügen muss: Eine Münze kann man werfen, aber sie hat nur zwei Möglichkeiten: Zahl oder Bild. Mit einem Würfel kann man keine Sieben würfeln. Das Großartige am Zufall ist, dass ihm nichts misslingen kann, weil niemand weiß, natürlich auch er selbst nicht, was er vorhatte. Er macht zwar Versuche, doch keiner kann deren Wert beurteilen, weil ihm auch die wertlosen Versuche ins nicht vorhandene Konzept passen.

Wie kommt der moderne Mensch zu der Annahme, sein eigenes, oft stümperhaftes Verhalten sei geplant, das der Weltentstehung, in deren Verlauf schon die erste lebende Zelle ein hochkompliziertes, von Menschenhand nicht kopierbares Wunderwerk war, sei ein Zufallsprodukt? Der französische Molekularbiologe und Nobelpreisträger Jacques Monod (1910–1976) war einer der bedeu-

tendsten Vertreter des Zufallsprinzips im Rahmen der Entwicklung des Lebens. Sein Werk »Zufall und Notwendigkeit« (1970) machte nicht nur in Fachkreisen Furore, sondern wurde ganz allgemein als bedeutendes Ereignis in der Welt der Philosophie angesehen. Es war die wissenschaftliche Ergänzung dessen, was zwei Jahrzehnte zuvor unter dem Begriff Existenzialismus nicht nur das Denken, sondern auch den Lebensstil zahlreicher Menschen umgekrempelt hatte. Albert Camus drückte diese Lebenseinstellung einmal in folgendem Satz aus: »Der Mensch ist sein eigenes Ziel. Und er ist sein einziges Ziel. Wenn er etwas sein will, dann nur in diesem Leben« (Der Mythos von Sisyphos). Der allein auf sich gestellte und im Letzten nur sich selbst verantwortliche Mensch lebt in einer Welt ohne Gott, ohne Jenseits und muss sich damit abfinden, dass auch seine hohen Ziele letzten Endes absurd sind. Wie eine Ergänzung zu solchen Gedanken klingt der abschließende Satz aus dem Werk von J. Monod: »Der Mensch weiß endlich, dass er in der teilnahmslosen Unermesslichkeit des Universums allein ist, aus dem er zufällig hervortrat. Nicht nur sein Los, auch seine Pflicht steht nirgendwo geschrieben.«
Diese Einstellung geht davon aus, dass vor rund dreieinhalb Milliarden Jahren, von der ersten Zelle an, die auf dieser Welt durch Zufall entstanden sein soll, alle weiteren Schritte der Evolution ebenfalls ein Produkt des blinden Zufalls sein müssen. Die Folge für ihn und die biologische Forschung drückt Monod so aus: »Die moderne Naturwissenschaft kennt keine notwendige Vorherbestimmtheit. Das Schicksal zeigt sich in dem Maße, wie es sich vollendet« (129). Dies ist der wesentliche Gedanke. Nichts von dem, was ist, *musste* werden. Die Monod'sche Welt kennt keinen Plan, kein Ziel, keinen Sinn. Es ist

doch alles so einfach und macht jedes weitere Nachdenken darüber überflüssig: »Das Universum trug weder das Leben noch trug die Biosphäre den Menschen in sich. Unsere Losnummer kam beim Glücksspiel heraus.« Folgt man diesen Gedanken, dann hat es keinen Sinn, von Schöpfung oder gar von einem Schöpfer zu reden.

Wie kommt es nun dazu, dass ein Biologe, man kann sagen im Einvernehmen mit dem zumindest zu seiner Zeit noch größten Teil seiner wissenschaftlichen Fachkollegen, zu dem Ergebnis kommt, außer dem Zufall und dem menschlichen Willen gebe es kein weltgestaltendes Prinzip? Passt es in die menschliche Vorstellungswelt, dass selbst die mathematischen Gesetze und mit ihnen alles so sinnvoll Gefügte in der Welt nur durch Zufall und ein ihm folgendes Ausleseprinzip aus dem Nichts bzw. aus dem jeweils zuvor Entstandenen hervorgegangen sein soll? Natürlich weiß auch Monod, dass der Zufall sich nur insoweit auswirken kann, als er nicht in das Gegebene eingebunden ist. Die Schöpfungstheorie von Monod und vielen seiner Kollegen im weitesten Sinne könnte man so zusammenfassen: Im Anfang war die absolute Unwahrscheinlichkeit und das Leben begann mit dem größtmöglichen Zufall. Ihm folgten weitere Zufälle, die aus sich heraus Strukturen des Möglichen und Wahrscheinlichen entwickelten. Sie führten die Evolution bis zu ihrem derzeitigen Stand, in dem der Mensch lebt.

Der Affe an der Schreibmaschine

Darwin und die Evolution

»In Übereinstimmung mit der Theorie der natürlichen Zuchtwahl muss eine unendliche Zahl von Zwischenformen gelebt haben, die in allmählichen Übergängen die Arten der Gruppen verbanden. (...) man könnte deshalb fragen, warum wir diese Bindeglieder nicht finden. Und warum bilden ferner nicht alle Lebewesen ein unentwirrbares Chaos?«

Charles Darwin

Wenn Darwin heute lebte, wäre er kein Neo-Darwinist. Was schafft nun der Zufall? Angeblich alles. Man muss nur sehr viele Blinde viele Jahre an einem Marmorblock herumhämmern lassen, einmal wird rein zufällig ein Marmor-David entstehen. Und Michelangelo musste ja nur, wie er einmal gesagt haben soll, alles herunterklopfen, was nicht David war. Wäre das ein absurdes Beispiel? Es gibt noch andere, ernst gemeinte.

Stephen W. Hawking berief sich in seinem Werk »Eine kurze Geschichte der Zeit« auf das Beispiel mit den Affen, die man wahllos auf der Schreibmaschine herumhämmern lässt. Dann schrieb er: »In ganz seltenen Fällen werden sie durch reinen Zufall ein Shakespearisches Sonett zusammentippen« (157). Dazu ist zunächst zu bemerken, dass auch das schönste Sonett im Vergleich zu einer lebenden Zelle etwas ganz Einfaches ist. Shakespeare lässt sich leichter imitieren als die Natur. Der New Yorker Chemieprofessor Robert Shapiro ging (längst vor Hawking) dem Gedankenexperiment mit dem tippenden Affen auf den mathematischen Grund. Er war insofern bescheidener, als er nicht ein ganzes Sonett ins Kalkül warf, sondern nur den halben Satz: »To be or not to be« mit achtzehn Zeichen einschließlich den Wortabständen. Shapiro errechnete, dass dann, wenn der Affe eine Zeile in der Sekunde tippt, er für sämtliche Versuche dazu 10^{22} Jahre brauchen würde, also eine Zahl, vor der unsere Sprache kapituliert, denn eine 10 mit 22 Nullen könnte allenfalls ein Mathematiker in einem Zahlwort benennen, unsere Vorstellung kann damit ohnehin nichts anfangen. Dagegen sind die vielleicht dreizehn Milliarden Jahre Universum seit dem Urknall geradezu ein Klacks. Der Affe müsste also länger tippen, als das uns bekannte Weltall existiert und wohl auch je existieren wird, wenn man insoweit überhaupt noch von Zeit reden kann.

Selbst unter der Annahme, der unendlich lange Buchstabenbandwurm enthalte gelegentlich etwas Sinnvolles, bräuchte man denkende, urteilende Menschen dazu, um das alles zu lesen und zu beurteilen. Es kommt ja nicht nur darauf an, einen chaotischen Buchstabensalat zu schaffen, der gelegentlich etwas Sinnvolles enthält, sondern darauf, aus dem Chaos den sinnvollen Satz herauszudestillieren. Dies wäre dann allerdings eine geistige Leistung, die dem Suchenden mehr abverlangt, als der blinde Zufall und die natürliche Auslese zu leisten vermögen. Das Schöpferische ist nicht nur ein Schaffens-, sondern auch ein Auswahlprinzip. Im Falle des von Hawking erwähnten Shakespeare-Sonetts müsste man zur Auswahl der Shakespeare würdigen Texte den Dichter selbst bemühen. Nur er wäre in der Lage, seine Gedanken aus dem Urmeer des Geistes zu fischen. Aber das wusste man ja schon immer, denn schließlich hat er ja gerade dies zeitlebens getan. Wenn man sämtliche Menschen gleichzeitig auf die Arbeit ansetzen würde, aus einem blind getippten Buchstabenbrei alle wirklich sinnvollen Rosinen herauszulöffeln, nicht nur den Beginn von Hamlets Frage nach Sein oder Nichtsein, bliebe für das eigentliche Menschsein keine Zeit. Ganz abgesehen davon, dass die Zeit seit Beginn unserer Welt dafür nicht ausreichen würde. Da ist es dann doch einfacher, man hat einen Shakespeare, der so einen Satz aus dem Hinterkopf ins Handgelenk und von da aufs Papier schütteln kann.

Charles Darwin hatte in seinem 1859 erschienenen Buch »Die Entstehung der Arten durch natürliche Zuchtwahl« gezeigt, wie alles Leben im andauernden »Kampf ums Dasein« (struggle for life) sich bewähren muss. Diesen Kampf bestehen die Pflanzen und Tiere, die am besten an ihre Umwelt angepasst sind und somit mehr Chancen haben, sich wirksam zu vermehren. Das Wort Kampf will Darwin allerdings vor allem auch im übertragenen Sinne verstanden wissen. Es ist nicht nur der sichtbare Kampf mit Zähnen und Klauen um die Weibchen des Rudels, sondern auch die fast unsichtbare Wahrnehmung der besseren Chancen, z. B. das geschicktere Auffinden von günstigen Nistplätzen und Verstecken, die wirksamere Tarnung, die stärkere Vermehrung oder das bessere Überstehen einer Frost- oder Dürreperiode. Der Kampf ums Dasein braucht also keineswegs eine aggressive Angelegenheit zu sein. Soweit ein Tier keinerlei Gegner oder Nahrungsengpässe hätte, würde es so viele Nachkommen zeugen, dass die Erde bald übersät mit Exemplaren seiner Art wäre. Ist der Mensch so ein Wesen oder ist er auf dem Weg, eines zu werden?

Nur die Tüchtigsten (fittest), also die am besten Angepassten haben eine Überlebenschance. Sie geben ihr Erbgut zu Lasten der zu kurz Kommenden an die Nachwelt weiter. Nach und nach verschwindet dann die unterlegene ursprüngliche Form einer Art. Auf diese Weise ändert sich die Art ganz allmählich durch natürliche Zuchtwahl, sie passt sich veränderten Umweltbedingungen an und bekommt den letzten Feinschliff.
Dieses Prinzip allein genügt jedoch noch nicht, um das Entstehen neuer, ganz anderer Arten durch die so genannte Makro-Evolution zu erklären. Schließlich geht es ja nicht nur darum, herauszufinden, wie unterschiedliche Schlangenarten überlebt haben oder ausgestorben sind, sondern es geht letztlich darum, wie, um es locker zu sagen, aus dem Fisch der Elefant geworden ist. Wie das funktioniert, das konnte Darwin zu seiner Zeit nur ahnen. Er war es jedoch, der das Wort Zufall ins Spiel brachte. »Ich habe bis jetzt das Wort ›Zufall‹ gebraucht, wenn von Veränderungen die Rede war. (…) Das Wort ›Zufall‹ ist natürlich keine richtige Bezeichnung, aber sie lässt wenigstens unsere Unkenntnis der Ursachen besonderer Veränderungen durchblicken« (149).
Was Darwin noch nicht wusste, war das Entstehen von Änderungen dadurch, dass durch zufällige »Übertragungsfehler« bei der Weitergabe der Gene in der folgenden Generation eine Mutation entsteht, also beispielsweise eine Variante mit einem etwas anderen Aussehen oder Verhalten. Darwin selbst hatte noch geschrieben: »Änderungen der Gewohnheiten bringen eine erbliche Wirkung hervor.« Er nannte dafür Beispiele: Pflanzen, die in der Blütezeit in ein anderes Klima versetzt werden; die erblich stärkere Entwicklung der Euter bei Kühen und Ziegen, weil sie gemolken werden; Hängeohren bei

Haustieren, weil sie nicht darauf angewiesen sind, einen Feind herannahen zu hören. Hier saß Darwin nach der Meinung späterer Biologen auf dem falschen Dampfer, ebenso wie sein Vorläufer Jean-Baptiste Lamarck. Was er hier beschrieb, waren allenfalls die Ergebnisse einer durch den Menschen künstlich herbeigeführten Zuchtwahl bei Haustieren. Ganz einfach gesagt: Man bevorzugte die Bullen zur Zucht, die die Söhne milchreicher Kühe waren. So werden indirekt die Euter im Lauf der Generationen größer. Heute gibt es in Andalusien Zuchtfarmen für Kampfstiere, bei denen unblutige Kämpfe mit jungen Kühen abgehalten werden, um deren Kraft und Stärke für die Zucht zu testen. Auf diese Weise werden immer kampfestüchtigere Bullen gezüchtet, nach der Annahme, die draufgängerische Mutter gebiert wilde Söhne. Die Stiere müssen also nicht in der freien Natur ihren Kampf ums Dasein austragen, sondern in der Arena. Wer am schnellsten den Torero umgelegt hat, den könnte man, gewissermaßen zum Dank, auf die Kühe lassen, anstatt ihn feierlich zu verzehren.
Zum ausdrücklichen Dogma der orthodoxen Anhänger des Zufalls als *einzigem* Motor der Evolution – das sind die so genannten Evolutionisten – gehört, dass einzig und allein die Eigenschaften vererbt werden, die genetisch gespeichert sind, also nicht auch Eigenschaften, die ein Lebewesen im Lauf seiner Existenz erworben hat. Nur genetische Mutationen bewirken eine Änderung. Ist eine solche Änderung ungeeignet für die Art, geht das Exemplar oder seine Nachkommen wieder unter. War sie geeignet bzw. verschafft sie eine bessere Fitness im Sinne Darwins, haben die Abkömmlinge des mutierten Exemplars, nur sie, einen entsprechenden Vorteil, mit dessen Hilfe sie nach und nach die unverändert gebliebenen

»Blutsverwandten« verdrängen können. Die Zuchtwahl braucht also ihre Zeit.

Dazu kommt noch eine weitere, in der Praxis schwer nachvollziehbare Konsequenz: Die als veränderte Art, gewissermaßen als Abart überlebenden Exemplare müssen ihren Stammbaum alle auf das eine Exemplar, in dem die zufällige Mutation eingetreten ist, zurückführen können. Die Evolution hat also, so gesehen, nur eine einzige Methode, Neues zu kreieren: die der zufällig eintretenden genetischen Änderung und der Auslese.

Wie einfach dieses System funktionieren soll, zeigt ein vielleicht etwas unbedarfter, aber sicher ernst gemeinter Text aus einem Buch mit dem bezeichnenden, wenn auch in sich widersprüchlichen Titel »Schöpfung ohne Schöpfer«. Peter W. Atkins schreibt darin: »Ich werde zeigen, dass es nichts gibt, was sich nicht verstehen lässt, nichts, was sich nicht erklären lässt, und dass alles im Grunde außerordentlich einfach ist. Sobald Moleküle gelernt haben, miteinander in Wettbewerb zu treten und andere Moleküle nach ihrem Bilde zu schaffen, werden nach einiger Zeit Elefanten und Dinge, die ihnen ähneln, durch die Lande ziehen.« Auch über das Entstehen solcher Moleküle meint Atkins genau Bescheid zu wissen: »Wenn für die richtige Mischung der Ingredienzien, für ein dauerhaftes, warmes Milieu und für genügend Zeit gesorgt ist, können sie entstehen.«

Konsequenterweise hätte Atkins auch schreiben können: Man muss nur einen Salzburger Geigenlehrer 1756 einen Sohn bekommen lassen, dem man zeigt, wie man mit Instrumenten umgeht, und schon hat die Welt einen Mozart. Es ist also ganz einfach. Über diese Denkweise hätte sicher auch Darwin nur den Kopf schütteln können, denn der war sich stets der Lückenhaftigkeit seiner

Theorien bewusst. Er rang mit der Tatsache, dass es in der Entwicklung eine unendliche Zahl von verbindenden Formen zwischen den lebenden und ausgestorbenen Bewohnern der Erde geben müsse. Er fragte sich: »Warum sind nicht alle geologischen Formationen von solchen Zwischengliedern erfüllt? Warum liefert nicht jede Sammlung fossiler Überreste den klaren Beweis für eine allmähliche Abstufung und Umwandlung der Lebensformen?« (522). Darwin konnte diese Frage nicht beantworten, er ging davon aus, dass die geologischen Unterlagen viel unvollkommener sind, als die meisten Geologen ahnen.

Darwins Zweifel waren durchaus berechtigt. Jetzt nach anderthalb Jahrhunderten haben wir eine ungeheuere Zahl von zusätzlichen Fossilien der Erd- und Naturgeschichte in unseren Sammlungen. Aus ihnen ist in der Tat zu sehen, dass sich die Formen innerhalb einer Art gewandelt haben und dass sich angepasste Varianten stark vermehrt haben und unangepasste ausgestorben sind. Das Entstehen von völlig verschiedenen Arten ist damit nicht erklärt. Selbst wenn alle Lebewesen einschließlich der Menschheit letztlich von der Urzelle abstammen, so ist damit noch längst nicht ersichtlich, was anstelle des heillos überforderten Zufalls die sinnvollen Ergebnisse gefördert hat. Darwins Frage ist auch heute noch nicht biologisch beantwortet: Warum bilden nicht alle Lebewesen ein unentwirrbares Chaos?

Auch der Beginn des irdischen Lebens ist ungeklärt. Es wäre immerhin zumindest theoretisch denkbar, dass vor dreieinhalb Milliarden Jahren die Glückszahl für die eine erste, sich selbst vermehrende Ursprungszelle aus dem unermesslichen großen Jackpot der Schöpfung gezogen wurde, doch dann muss man auch berücksichtigen, dass es mit dem einen Zufall, der die erste Zelle zustande gebracht hat, nicht getan ist. Solche Zufälle, deren statistische Wahrscheinlichkeit so etwa die Größe Null hat, müssten sich im Lauf der Evolution ständig wiederholen. Mit dem Wortschatz der Biologie lässt sich nicht erklären, was Leben ist und wie es überhaupt erstmalig zustande gekommen ist. Bis ins 19. Jahrhundert hinein glaubte man an eine sich ständig wiederholende Urzeugung. Leben, so dachte man, kann immer wieder dort entstehen, wo die geeigneten Bedingungen vorliegen. So nahm man an, im Unrat entstünden Ratten und Mäuse von selbst. Auch Insekten, so meinte man, könnten im entsprechenden Milieu von allein entstehen. Die sich »selbst« zeugenden Tiere wurden mit dem Fortschritt der Forschung immer kleiner. Zuletzt waren es nur noch die Bakterien. Mit denen räumte dann schließlich der französische Chemiker und Mikrobiologe Louis Pasteur (1822 bis 1895) auch noch auf. Er konnte nachweisen, dass dort, wo alle Keime z. B. durch Erhitzen vernichtet wurden, keine neuen entstehen können, wenn sie keinen Zugang von außen haben. Seither wissen wir: Leben kommt vom Leben. Die Fackel des Lebens kann nur direkt übertragen werden, sie flackert nicht von selbst auf. Doch einmal oder wiederholt muss es zu Beginn eben doch entstanden sein. Gab es da eine Ausnahme? War das damals etwas vollkommen anderes? War es ein göttlicher Funke oder ein zufälliger Glückstreffer? Wir können weder das eine noch das andere wissenschaftlich überzeugend herleiten.

Wäre allein der Zufall verantwortlich, dann wäre die Welt gewissermaßen voller Affen, die immer wieder rein zufällig und gleichzeitig die Odyssee oder den Goethe-Faust in die Maschine hämmern. Auch dies wäre ja immerhin rein theoretisch (niemals praktisch) denkbar, doch so viele glücklich und höchst kompliziert aufeinander abgestimmte Zufälle, wie sie die orthodoxen Neo-Darwinisten der Evolution unterstellen, haben auf der Erde und in ihrer Geschichte keinen Raum. Wo sind die Gebeine der Halb-Elefanten und Viertel-Raubkatzen, denn schließlich stammen ja auch sie aus dem Urschleim. Warum findet man keine Spuren der vielen Missgeburten, von denen es im Lauf der Naturgeschichte nur so gewimmelt haben muss, als Rinder versuchten, sich einen Elefantenrüssel zuzulegen, oder Affen das Fliegen versuchten? Es muss doch alles versucht und, abgesehen von den Erfolgstypen, die sich durchgesetzt haben, wieder abgebrochen worden sein, wie die vielen halb fertigen Gedichte, inmitten all dem Unsinn, den die Affen in die Maschine hämmern. Gewiss, die Evolution lässt nicht alles zu, aber der Zufall zunächst schon. Man kann es drehen und wenden, wie man will: Entweder man glaubt an die reine Lehre von der Zufallsevolution oder man glaubt den Paläontologen, die genau das nicht finden, was die Evolutionisten als gegeben unterstellen. So ist denn schließlich zu vermuten, dass diese Sorte von Biologen in sehr absehbarer Zeit von den etwas nüchterner und unvoreingenommener denkenden Wissenschaftlern im Kampf ums akademische Dasein verdrängt werden.

Hominiden und Nachfolger

Vom Tier zum Menschen

»So haben sie mit dem Kopf und dem Mund
den Fortschritt der Menschheit geschaffen.
Doch davon mal abgesehen und
bei Lichte betrachtet sind sie im Grund
noch immer die alten Affen.«

Erich Kästner

Der Mensch ist das Wesen, das gleichzeitig laufen und eine Waffe in der Hand tragen kann, doch wer war der erste Mensch, der zu sich gesagt hat: »Das bin ich, ein sterblicher Mensch?« War es, wie Erich Kästner in seinem Gedicht meint, dessen letzte Zeilen hier zitiert werden, ein Kerl, der noch auf Bäumen hockte, »behaart und mit böser Visage«, oder war es ein Adam, der wusste, dass Gott ihn als Menschen geschaffen und über das Tierreich gesetzt hatte? Macht das Selbstbewusstsein ein Wesen zum Menschen, ist es der Gebrauch von Feuer oder sind es gar erst seine Totenkulte? Bei solchen Fragen berühren sich Philosophie, Religion und Naturwissenschaft besonders intensiv.

Die Frage: »Was ist der Mensch?« lässt sich nicht nur auf die eine oder andere Weise beantworten, sondern auch gemeinsam, aus gesamtheitlicher Sicht. Die Thesen von der unmittelbar göttlichen Herkunft (Adam) einerseits und der aus der Evolution (Affe) andererseits standen sich lange Zeit konträr gegenüber. Inzwischen können wir als großen Denkfortschritt unserer Zeit verbuchen, dass das eine das andere nicht mehr ausschließt, dass Geist und Natur eine umfassende Einheit bilden.

Der zweite, ältere biblische Schöpfungsbericht geht davon aus, dass die Menschen einen einzigen Stammvater hatten: Adam. Der unendlich reiche und inhaltsschwere Mythos dieses menschlichen Urahnen und seine Vertreibung aus dem Paradies beruht natürlich nicht auf naturwissenschaftlicher Betrachtung oder gar Ahnenforschung, die es zur Zeit der Abfassung dieses Berichts vor nahezu dreitausend Jahren nicht nur lückenhaft gab, sondern gar kein Thema war. Es ging um erahnte und erspürte geistige Grundlagen, die jenseits jeder empirischen Wissenschaft uns auch heute angehen. Die Suche nach dem menschlichen Ursprung geht weiter und in eine ganz andere Richtung.

Charles Darwin wagte erst relativ spät (1871) in seinem Werk »Die Abstammung des Menschen und die geschlechtliche Zuchtwahl« das zu publizieren, was er schon längst wusste und die logische Folge der in seinem zwölf Jahre zuvor erschienenen Werk »Über die Entstehung der Arten« beschriebenen Zuchtwahl war. Das so nicht von Darwin formulierte Schlagwort »Der Mensch stammt vom Affen ab!« bewirkte seinerzeit einen regelrechten Kulturschock und erhitzte die Gemüter über Generationen hinweg. Heute können wir diese Erkenntnis mit Gelassenheit ertragen, denn sie nimmt dem Menschen nichts von seiner Würde, sie fordert jedoch gleichzeitig von uns, einen Teil dieser Würde auch unseren entfernten Vettern im Tierreich zuzubilligen. Schließlich reicht unser Stammbaum nicht nur zu den Tieren (Primaten), die gemeinsame Vorfahren von Affe und Mensch waren, sondern bis zu der ersten lebenden Zelle auf unserer Erde vor drei bis vier Milliarden Jahren, mit der das Leben auf der Erde begonnen haben soll. Was diese naturwissenschaftliche Erkenntnis für unser Denken und Handeln bedeuten könnte und müsste, haben die Menschen noch längst nicht ausgelotet. Unsere »Verwandtschaft« mit *allem* Leben auf dieser Erde zeigt uns eine allgemeine Verbundenheit, die durch die Evolution nicht aufgelöst ist, sie besteht fort, mit allen Rechten und Pflichten. Wir sind Bestandteile, nicht Herren eines ökologischen Organismus.

Im Juli 2001 wurden in der Djurab-Wüste, einem Teil der Sahara, im nördlichen Tschad, Fossilien eines Tiers gefunden, dessen Alter auf sechs bis sieben Millionen Jahre datiert werden konnte. Es soll sich bei diesem Wesen um den ältesten Hominiden handeln, der bisher entdeckt wurde; man nannte ihn wissenschaftlich Sahelanthropus. Damit ist nicht gesagt, dass er ein entfernter Vorfahr des heutigen Menschen war. Er ähnelte mehr einem Schimpansen, hatte aber zierlichere Zähne und ein flacheres Gesicht. Dennoch waren die Hominiden, die vorwiegend in Afrika entdeckt wurden, noch keine Menschen, sondern so etwas wie tierische Menschenvorgänger. Sie waren andererseits auch keine Affen. Aus einer oder mehreren Hominidenrassen ist später einmal der Homo sapiens, einer unserer möglichen Vorfahren hervorgegangen.

Die Vorgeschichte begann vor rund sechzig Millionen Jahren, als die ersten Primaten als »Herrentiere« entstanden sind. Vor sieben bis neun Millionen Jahren begannen sich die Primaten in Affen und Hominiden auseinander zu entwickeln. Leider sind im Gegensatz zu den Affen die Hominiden mit wenigen oder vielleicht auch nur einer

Ausnahme ausgestorben. Und aus dieser einen oder mehreren Ausnahmen hat sich der Mensch entwickelt. Affen wurden also nicht zu unseren Vorfahren, sie sind nur unsere genetischen Vettern, deren Abkömmlinge sich im Lauf der Evolution immer weiter voneinander entfernten. Die Saat scheint auf der ganzen Welt aufgegangen zu sein. Hominidenfunde gibt es zahlreiche, aber warum sind deren Nachkommen, abgesehen von uns Menschen, ausgestorben? Da gibt es noch einiges zu suchen und zu erforschen.

Aus den Fossilien, die die Paläontologen oder, soweit sie sich auf frühe Menschen beschränken, die Paläoanthropologen erforschen, lässt sich schließen, ob so ein Wesen schon aufrecht gegangen ist, wie groß sein Gehirnvolumen war und, anhand der teilweise noch vorhandenen Zähne, wie es sich etwa ernährt haben muss. Eventuell finden sich auch bei späteren Exemplaren noch Werkzeuge, die sich diese Menschen angefertigt hatten, und Hinweise auf Feuernutzung und Totenkulte. Was sich aus den frühen versteinerten Knochenresten meist nicht eindeutig herauslesen lässt, ist die Frage: Wo hört das Tier auf und wo fängt der Mensch an? Es kann am Gehirnvolumen liegen, dessen allmähliche Vergrößerung von zunächst nur etwa 500 ccm bis nahezu 2000 ccm über unzählige Generationen hinweg Ursache und/oder Folge der Menschwerdung geworden ist und die zumindest die Entwicklung zum Menschen begleitet hat. Daneben werden die Backenzähne kleiner und der aufrechte Gang wird üblich. Gelegentlich aufrecht gehen, das können auch manche Vierfüßler, selbst Bären kann man das andressieren. Entscheidend ist, auf wie vielen Beinen sie beim Jagen über die Steppen rannten. Die ersten Menschen waren Zweifüßler, was nicht ausschließt, dass sie noch »behaart und mit böser Visage« waren. Der aufrechte Gang beschleunigt zwar nicht den Schritt, er zeigt dem Menschen in einer Steppe jedoch einen wesentlich weiteren Horizont, auf dem sich Nützliches oder Feindliches früher entdecken lässt. Das Wichtigste war aber die Tatsache, dass ein Zweibeiner während des Laufs eine Waffe tragen und schleudern konnte. Damit schafft er sich eine konkurrenzlose Überlegenheit.

Wo ist der Mensch entstanden? In Afrika hat man bis jetzt die meisten Fossilien von frühen Menschen gefunden. Aber nicht nur hier, auch sonst gibt es weit verstreut auf der Erde frühmenschliche Spuren, durch große evolutionäre Abstände, Millionen Jahre und – näher am Menschen – durch Hunderte von Jahrtausenden, und unüberwindliche Entfernungen voneinander getrennt. Es sieht so aus, als ob der Mensch an mehreren Stellen und auch auf unterschiedliche Weise angepeilt worden wäre.

Im Jahr 1997 wurde in Spanien der bislang älteste Europäer gefunden, ein »homo antecessor«, also ein »Menschenvorgänger«; er soll etwa vor 780 000 Jahren gelebt haben. Der »homo heidelbergensis« aus dem Dorf Mauer in der Gegend von Heidelberg (vor 600 000 bis 200 000 Jahren) wird schon zum »wissenden Menschen« (Homo sapiens) gerechnet, was allerdings nicht auf die später dort zu gründende Universität schließen lässt. Große Rätsel stellt immer noch der an vielen Stellen aufgefundene »Neandertaler«, der, weil er schon 1856 entdeckt wurde und einer der ältesten Funde eines menschlichen Fossils in Deutschland war, zum Schlagwort geworden ist. Er lebte vermutlich vor 230 000 bis vor 27 000 Jahren, hat aber keine Nachkommen bis in unsere Zeit hinterlassen, obwohl von dieser Art eines Altmenschen etwa 150 verschiedene Fossilien in voneinander weit entfernten Gegenden gefunden wurden. Er muss wie die meisten anderen Hominiden und frühen Menschenarten ausgestorben oder durch Vermischung mit anderen Arten verschwunden sein. Es gibt sogar die Vermutung, dass er, weil er vielleicht anderen im Kampf unterlegen war, von seinen menschlichen Fressfeinden zum Verspeisen ausgerottet worden ist. Man muss davon ausgehen, dass Kannibalismus unter frühen Menschen vielfach etwas Normales war.

Die Jetztmenschen, die »wissend Wissenden« (Homo sapiens sapiens) wurden zum ersten Mal in Cromagnon (Frankreich) gefunden. Ihr Alter könnte 40 000 Jahre betragen. Das Erstaunlichste an der Entwicklung des Jetztmenschen ist die ungeheuer rasche Vergrößerung seines Gehirnvolumens von 1400 ccm bis maximal 2000 ccm, und dies in wenigen tausend Jahren. Vielleicht geschah das sogar noch schneller, wenn man an die Akzeleration im Größenwachstum unserer Zeit denkt. Vermutlich war die Ausbildung einer aus ganzen Sätzen bestehenden und auf differenzierte Inhalte abgestellten Sprache Antriebskraft zu dieser Entwicklung, die Menschen mit immer größerem Denkvermögen bevorzugte.

Das Wesentliche an der Entstehung des Menschen aus tierischen Vorgängern ist, dass keine durchgehenden verwandtschaftlichen Beziehungen und Abstammungslinien zwischen den weltweit auftretenden Hominiden nachweisbar sind, diese »Menschen« also vermutlich keinen gemeinsamen Ahnherrn haben. Die meisten Ansätze sind wieder abgebrochen worden. Falls das aber so ist, dann folgt daraus, dass eine über den Zufall hinausgehende Kraft den Menschen zu verschiedenen Zeiten und an verschiedenen Orten immer wieder angepeilt haben muss. Dies folgt aus der so genannten Multiregionalhypothese, also der Annahme, dass Hominiden und Altmenschen immer wieder unabhängig voneinander auf der Erde entstanden sind. Es gab demnach in der Schöpfung immer wieder parallele, zeitlich und örtlich getrennte Versuche, so etwas wie den Menschen hervorzubringen. Wäre dies nicht so, dann müsste es einen einzigen zum Menschen mutierten Hominiden geben. Es müsste dann statt des biblischen, mythologischen Adam auch einen biologischen »Adam« als Stammvater des Menschengeschlechts gegeben haben. Dies anzunehmen verbieten jedoch die zeitlich und räumlich weit auseinander liegenden Fossilienfunde. Man kann den Eindruck gewinnen, dass die Schaffung des Menschen in der Evolution immer wieder »versucht« wurde, als ob sie auf ihn »hingearbeitet« hätte.

»Der nackte Affe« und »Der Menschenzoo« waren einst (1968/69) provozierende Buchtitel des Verhaltensforschers Desmond Morris. Die Frage stellt sich uns immer wieder: Was unterscheidet den Menschen vom Tier, wo wir doch immer mehr erkennen können, wie viel wahrhaft Tierisches noch immer in uns steckt, trotz unserer weit fortgeschrittenen Zivilisation. Was wäre geworden, wenn sich andere Hominiden hätten frei entwickeln können? Welche Katastrophe geophysischer, biologischer oder sozialer Natur hat fast alle Hominiden wieder von der Erde gefegt, war das etwas vom Format einer Sintflut, sind sie verhungert oder durch Seuchen ausgestorben? Auch hier gibt es noch Rätsel zur Genüge.

Mit der Annahme, dass Menschen und dem Menschen in der Entwicklung sehr nahe stehende Hominiden immer wieder unabhängig voneinander entstanden sind, braucht man keineswegs das Feld der Naturwissenschaft zu verlassen, man muss nur das eine oder andere ihrer überflüssigen Tabus überwinden. Es geht um die Frage, wie gestaltbildende Felder oder Kräfte sich durchsetzen und ausbreiten, ohne dass eine materielle genetische Übertragung stattgefunden hat. Mit andern Worten: Wie ist es zu erklären, dass die Natur immer wieder Ähnliches hervorbringt, selbst wenn keine unmittelbare genetische Verwandtschaft besteht? Hier erscheint das uralte Rätsel: Wie können immaterielle, also geistige Kräfte auf die Materie einwirken?

Die Schöpfung birgt Zündstoff

Der Biologenstreit zwischen Neo-Darwinisten und den Anhängern der Schöpfung

»Der Buchstabe tötet, aber der Geist macht lebendig.«

Paulus im 2. Brief an die Korinther (3,6)

Wenn es um Dogmen geht, hören die Argumente auf und fangen die Emotionen an.
Dass Gelehrte sich ihre unterschiedlichen Meinungen gegenseitig an den Kopf schleudern und mit Dogmen statt mir ihrem Verstand argumentieren, ist eine alte Erfahrung, die schon der Apostel Paulus machen musste. Eines der grundlegenden Dogmen der materialistischen Biologie ist diese These: Was die Evolution vorantreibt, das kann allein durch Zufall und Auslese geschehen. Wer vom (Welt-)Geist, vom Schöpfer oder von Ähnlichem spricht, der muss ein Verräter an dieser heiligen Lehre sein.

Im Jahr 2003 gab es einen Streit unter Biologen, bei dem zwei gegensätzliche Weltanschauungen aufeinander prallten. Dieser Zwist führte dazu, dass einem Forscher verboten wurde, seine von ihm kommentierten Forschungsergebnisse unter der Firma seines Instituts im Internet zu veröffentlichen. Wolf-Ekkehard Lönnig vom Kölner Max-Planck-Institut für Züchtungsforschung hatte auf einer über tausend Seiten langen Internet-Publikation seines

Instituts unter seinem Namen erklärt, man könne Entwicklungen in der Natur nur verstehen, wenn man den Einfluss von »intelligentem Design« unterstelle. Die These eines »intelligent design« (ID) stammt aus den USA und bedeutet, frei interpretiert, dass in der Natur ein schöpferischer Geist wirken muss, weil man dem blinden Zufall so viele Tricks und Raffinessen, wie sie in der Natur erkennbar werden, einfach nicht zutraut. Mehr ist allein mit diesem Ausdruck zunächst nicht gesagt. Doch derartige Thesen legen den dringenden Verdacht nahe, die Wissenschaftler, die einen solchen Begriff verwenden, gingen davon aus, die Welt sei das Werk eines Schöpfers, auch wenn sie ihn nicht beim Namen nennen, und in der Natur herrsche ein wissender Geist. So etwas bringt Materialisten, orthodoxe Anhänger des Neo-Darwinismus und der reinen Lehre von der Zufallsevolution auf die Palme. Der Kassler Biologieprofessor Ulrich Kutschera machte sich zum Sprecher der Gegner eines solchen Glaubens an die Schöpfung. Ebenfalls im Internet veröffentlichte er unter anderem diesen Satz: »Es besteht Konsens unter Fachleuten, dass zwischen einem Anhänger der Schöpfungslehre (Kreationist) und einem Verkünder des ID-Dogmas kein grundsätzlicher Unterschied besteht.«

Inwieweit es diesen eindeutig materialistischen Konsens unter Biologen tatsächlich gibt oder ob er nur behauptet wird, soll hier nicht erörtert werden, sondern zunächst die Frage, ob es wirklich keinen grundsätzlichen Unterschied zwischen den verschiedenen Gruppen derer gibt, die sich auf die Schöpfung im weitesten Sinne berufen.

Um die Behauptung von Kutschera einem Uneingeweihten verständlich zu machen, muss man zunächst wissen, was Biologen unter einem Kreationisten verstehen wol-

len. Kreationist ist ein Anhänger der wörtlich verstandenen Schöpfungslehre, so wie sie in der Bibel im 1. Buch Mose beschrieben ist. Danach hat Gott die Welt in sechs Tagen erschaffen, um sich am siebten Tag auszuruhen. Da in der Bibel kurz nach diesem Bericht, der auf das 6. oder 7. vorchristliche Jahrhundert datiert werden kann, die mindestens 200 Jahre ältere Geschichte von den ersten Menschen Adam und Eva angefügt ist, wollen die Anhänger eines wortgenauen Verständnisses der Bibel, weil dort die Nachkommen der Familie Adam in der männlichen Linie aufgezählt werden, das Datum der Schöpfung daraus herleiten. Noch in einer 1901 gedruckten Bibel der »Privilegierten Württembergischen Bibelanstalt« begann die im Anhang beigefügte Zeittafel zur biblischen Geschichte mit Adam: »4000 Jahre v. Chr.« So alt ist also die ganze Welt! Diese Zahl wurde damals auch den Schülern im Religionsunterricht beigebracht. Die frommen Kreationisten unserer Zeit sind also wortgläubiger und »frömmer« als die Weisen, die vor über zweieinhalb Jahrtausenden die Bücher Mose aus alten Überlieferungen und Schriften zusammengestellt haben. Doch »modernere« Kreationisten gestehen der Welt großzügigerweise immerhin ein Alter von rund 10 000 Jahren zu.
Während ein Beharren auf solchen uns heute naiv erscheinenden Vorstellungen in Mitteleuropa, abgesehen vom engen Denken in doktrinären Glaubensgemeinschaften, fast nicht mehr vorstellbar ist, gibt es in den Vereinigten Staaten nach wie vor viele Anhänger des Kreationismus, die versuchen, sich über sämtliche wissenschaftlichen Erkenntnisse der letzten 500 Jahre hinwegzusetzen, um eine Schöpfung (creation) an sechs Tagen in historischer Zeit in möglichst wissenschaftlich gehaltener Sprache zu belegen. Sie verlangen, dass Schulbücher sich

zu dieser Lehre bekennen und nichts darstellen, was ihr widersprechen könnte. Solche Denker, die in Amerika übrigens eine starke Lobby haben, verschließen vor offen liegenden und unstrittigen wissenschaftlichen Erkenntnissen ihre Augen und versuchen dazu noch, sie ihren Mitmenschen zu verbinden.
Von ihnen grundsätzlich zu unterscheiden sind jedoch die vielen anderen, die ebenfalls an eine Schöpfung glauben, hierin jedoch keinen Widerspruch zu wissenschaftlichen Erkenntnissen sehen. In dem hier zitierten Text aus dem Biologenstreit werden diese beiden höchst unterschiedlichen Auffassungen in einen Topf geworfen, und somit auch diejenigen Wissenschaftler als Kreationisten verunglimpft, die schon immer für die Ergebnisse der Forschung offen waren. Das ist natürlich ausgesprochen simpel gedacht, denn jemand, der an die Schöpfung glaubt, braucht noch längst kein Anhänger eines wörtlichen Bibelverständnisses zu sein.
Gegen die Kreationisten lässt sich sagen: Wer die Bibel wörtlich verstehen will, der versteht sie nicht. Der schärfste Kritiker einer wörtlichen Auslegung der alttestamentarischen Gesetze war schließlich Jesus selbst, wofür er ja ständig von den rechtgläubigen Wortbewahrern angegriffen wurde. Auch im Alten Testament wird bereits erkennbar, dass man Zeitangaben nicht wörtlich verstehen darf. So sagt der Beter im 90. Psalm zu Gott: »Tausend Jahre sind vor dir wie der Tag, der gestern vergangen ist.« Es ist also müßig, dem Schöpfer gegenüber mit dem Kalender zu argumentieren. Zeit spielt für ihn keine Rolle. Ein Tag, tausend Jahre, wohl auch Milliarden Jahre – vor der Zeitlosigkeit sind derartige Unterscheidungen ein Nichts. Es ging den Weisen, die in den Jahrhunderten vor Christus an Texten schrieben, die später in das Alte Tes-

tament aufgenommen wurden, nicht darum, eine wissenschaftlich relevante Naturgeschichte zu verfassen, sondern um die Verkündung der Lehre, dass die Welt dem Schöpfer zu verdanken sei. Dies taten sie mit den damals zur Verfügung stehenden gedanklichen und sprachlichen Mitteln. Da die heute übliche Trennung zwischen Geist und Materie im damaligen Weltbild noch kein Thema war, mussten sie Begriffe verwenden, die die Menschen damals unmittelbar nachvollziehen konnten. Unter einem Tag als Zeiteinheit konnte sich jeder etwas vorstellen, nicht jedoch unter Tausenden oder gar Millionen von Jahren. Es ist daher sinnlos, mit dem heutigen Weltbild im Kopf, unvermittelt dreitausend Jahre alte Texte wörtlich verstehen zu wollen. Wir sind heute gezwungen, zwischen geistiger und materieller Botschaft zu unterscheiden und beides zur Kenntnis zu nehmen.

Wer keinen Sinn für den geistigen Gehalt eines alten Textes hat und sich daher nur an das Materielle klammern kann, muss zu gravierenden Fehlurteilen kommen. Und dies gilt, so paradox es klingen mag, sowohl für die Kreationisten als auch für den rein materialistisch denkenden Teil ihrer Gegner, denn im Grunde denken beide materialistisch: Die Kreationisten, die den Geist der Schöpfungslehre übersehen und sich an wörtliche Aussagen aus einer längst vergangenen Epoche klammern, ebenso wie solche Biologen, die jedes Bekenntnis zur Schöpfung als einem auch geistigen Prozess grundsätzlich ablehnen. Beide kleben am Wort: Die einen, um es zu glauben, die andern, um es zu zerpflücken und als Kampfmittel zu benutzen.

Zu Letzteren scheint auch der schon erwähnte Ulrich Kutschera zu gehören, der ein viel beachtetes Buch über »Evolutionsbiologie« verfasst hat. Er kämpft gegen die Auffassung, in der Naturgeschichte könne man ein »intelligentes Design« (ID) erkennen. Seinem einseitig materialistischen Denken ist es verwehrt, zwischen einem »Kreationisten« und einem Anhänger, wie er es nennt, des »ID-Dogmas« zu unterscheiden: Es bestehe kein grundsätzlicher Unterschied. In seinem Kampf gegen die Veröffentlichung der Texte von Lönnig auf der Website des Kölner Max-Planck-Instituts bezeichnete er dessen Auffassung als »pseudowissenschaftliche Ideologie« und als »anti-naturwissenschaftliche Missionstätigkeit«.

Der Biologe und Ameisenforscher Gert Hölldobler stellte sich auf die Seite von Kutschera und sagte, wenn das Max-Planck-Institut Texte mit dem Bekenntnis zum intelligenten Design auf seiner Website zulasse, müsse es konsequenterweise auch erlauben, »dass in der Astronomie Astrologie betrieben sowie Kaffeesatz lesen und Horoskope schreiben gelehrt wird.« Das Ergebnis war, dass Lönnigs Texte mit dem Bekenntnis zum Intelligenten Design vom Max-Planck-Institut gesperrt wurden.

Diese Geschichte ging im Frühjahr 2003 durch die Presse. Sie ist allerdings beileibe nicht nur eine »Forscherposse um die Schöpfung« wie sie der »Spiegel« (16/2003) bezeichnete. Wäre sie nur dies, dann lohnte es sich nicht, in diesem Zusammenhang über sie zu schreiben. Sie ist mehr: sie ist ein Indiz für eine tiefe geistige Kluft im Denken unserer Gesellschaft.

Dabei geht es nicht um die Personen dieses Vorgangs, die wären austauschbar, sondern um den viel weitergehenden Denkkonflikt. Da stehen auf der einen Seite Menschen, die zwischen Kaffeesatzlesen und Religion nicht mehr unterscheiden können und die deshalb Religion und jedes Denken, das sie nicht von vornherein ablehnt, ganz allgemein für eine antiwissenschaftliche Ideologie halten.

Auf der anderen Seite stehen Menschen, die zunächst ganz nüchtern und ohne Hintergedanken bei der Erforschung der Natur feststellen müssen, wie schlau und intelligent Pflanzen und Tiere »konstruiert« sind und sich verhalten können. Es ist eine für jeden sichtbare Intelligenz im Ergebnis. Der nächste Denkschritt derer, die sich zur Intelligenz in der Natur bekennen, besteht darin, dass sie sich nicht vorstellen können, dass sie ohne aktiv wirkendes geistiges Prinzip, rein zufällig von selbst entstanden sein soll. Allein darin besteht noch nicht automatisch auch ein Bekenntnis zu einer Religion. Doch schon dieser Schritt erscheint rechtgläubigen Materialisten als pseudowissenschaftlich.

Noch allgemeiner gesagt: Es geht um die Frage, ob man den Materialismus zum obersten und allein selig machenden Denkprinzip erheben will oder ob man über ihn hinaus noch weitere geistige Ebenen und Strukturen der Welt anerkennt. Im Grunde ist dieser Zwist so alt wie die Menschheit. Zu allen Zeiten gab es Denker und Forscher, die nur das anerkannten, was mit den Sinnen wahrnehmbar war, und alles ablehnten, was sich auf höherer Ebene zwischen den Dingen abspielte.

Die Schöpfung ist ein zugleich materieller und geistiger Prozess. Wir können ihr gerecht werden, wenn wir uns um die zusammenfassende Erkenntnis bemühen.

Die Schichtung der Wissenschaften

Was haben sich Natur- und Geisteswissenschaften zu sagen?

»Heiße Magister, heiße Doktor gar
Und ziehe schon an die zehen Jahr,
Herauf, herab und quer und krumm,
Meine Schüler an der Nase herum –
Und sehe, dass wir nichts wissen können!
Das will mir schier das Herz verbrennen.«

Goethe, Monolog des Faust

Vielleicht muss man wie Faust alle gängigen Wissenschaften studiert haben, um festzustellen, auf welch unsicherem Grund unser gesamtes Wissen ruht. Wer sich allein auf sein Spezialfach konzentriert, dem bleibt der Blick auf den großen Bogen verborgen, den die Schöpfung um die Welt spannt. Doch selbst Faust suchte nach ihm vergeblich; er ist – wie er sich ausdrückte – das, »was die Welt im Innersten zusammenhält«. Normalerweise genügt es den Forschern, die Dinge der Welt aus ihrem Blickwinkel zu erkunden; was sich zwischen ihnen abspielt, was sie unsichtbar und unmessbar miteinander verbindet, dafür haben sie keinen Blick. Für den Spezialisten gilt das Wort Lichtenbergs: »Wer nichts als Chemie versteht, versteht auch die nicht recht« (J, 860). Der eigentliche Forscher öffnet sein Denken den großen Zusammenhängen und verschließt sich nicht gegenüber Erkenntnissen, die außerhalb der Reichweite seines Fachs liegen.

Zum Verhältnis von Naturwissenschaft und Geisteswissenschaft oder im konkreten Fall von materialistisch verstandener Medizin und Philosophie gibt es eine hübsche Anekdote. Ein Medizinprofessor hatte auf einem Kongress Ende des 19. Jahrhunderts in einem Vortrag die These vertreten: »So wie die Niere Urin produziert, so produziert das Gehirn Gedanken.« Ihm antwortete ein Philosoph: »Lieber Herr Kollege, wenn man Sie so reden hört, dann glaubt man fast, es sei wirklich so.«
Eine vergleichbare Argumentation wird auch von dem seinerzeit berühmten Pathologen und Anatom Rudolf Virchow erzählt. Er soll einmal gesagt haben, kaum ein Forscher kenne die menschliche Anatomie so gut wie er, doch bei all seinen Untersuchungen sei er nie der Seele des Menschen begegnet.
Derartige Beispiele gibt es immer wieder. So wollte zu Beginn des 20. Jahrhunderts Duncan MacDougall, ein amerikanischer Arzt, das Gewicht der Seele messen und ließ vier seiner im Sterben liegenden Patienten ihre »Seele auf der Waage aushauchen«. Bei einem meinte er tatsächlich einen Gewichtsverlust von 21 Gramm feststellen zu können, doch sein ungenaues und schon im Ansatz verfehltes Experiment genügte in keiner Weise wissenschaftlichen Kriterien, wenn man bedenkt, dass ein Mensch allein schon durch das (Aus-)Atmen und Ausdünsten an Gewicht verliert. Selbst das schöne Gedicht, das mit dem Vers endet: »Die Seele schwingt sich in die Höh / der Leib bleibt auf dem Canapee« gibt keinen Hinweis auf messbare Vorgänge. Derartige »Seelenforscher« verwechseln Geistiges mit Materiellem. Und der schöp-

ferische Geist in der Naturgeschichte unserer Welt, wo ist er? Keiner hat ihn je gesehen. Messen kann man sein Wirken nur dort, wo er in Routine mündet und seine Werke zuverlässig und serienmäßig wie vom Fließband abliefert. Doch kann man die Welt ohne das immer wieder erscheinende unerwartet Neue überhaupt richtig verstehen?

Der Grund solcher Missverständnisse liegt darin, dass die Wissenschaften übereinander geschichtet sind. Jede hat ihre eigene im Ganzen unverzichtbare Ebene. Die im Folgenden vorgestellte Schichtung mit stufenlosen Übergängen orientiert sich an der Rolle der Messbarkeit und Berechenbarkeit ihrer Phänomene. Je höher die Schicht, desto weniger exakt ist ihre mathematische Durchdringung und desto stärker dringen geisteswissenschaftliche Erfahrungen in sie ein.

Physik bildet das naturwissenschaftliche Fundament, im Prinzip ist hier alles messbar, wenn auch die Phänomene an den Rändern undeutlich werden. Auf ihr baut die Chemie auf, in der neben die Quantität auch die Qualität der Stoffe tritt, die oft nicht mehr objektiv zu beschreiben ist. Die nächste Stufe wird von der Biologie eingenommen, weil sie im Gegensatz zur Chemie das undefinierbare Leben voraussetzt. Biologie setzt Leben voraus, stirbt es ab, tut die Chemie ihren Dienst, wobei diese Grenze zerfließt, soweit Mikroorganismen am Werk sind. Medizin baut auf der Physik, Chemie und Biologie auf, doch menschliche Gesundheit lässt sich nicht allein aus der Biologie herleiten, weil sie auch eine seelische Komponente hat, eine Selbstverständlichkeit, die manchen Medizinern nicht mehr bekannt zu sein scheint. Psychologie als »Seelenkunde« befasst sich, streng genommen, nur mit immateriellen Vorgängen, kann und darf aber das

Körperliche nicht ausklammern, weil psychische Probleme zu körperlichen Krankheiten führen können. Religion bzw. Theologie bewegen sich völlig im geistigen, unmessbaren Bereich. Religion verweist auf seelische Verbindungen jenseits rationaler Werte. Glaube lässt sich nicht belegen und doch kann er sich zeigen.

Kein Wissenschaftler kann rund um die Uhr auf dem ausschließlichen Denken seiner Wissenschaft bestehen. Schließlich bliebe sonst einem Chemiker bei der Begegnung mit einem Buch nichts anderes übrig, als sich auf die Analyse von Papier und Druckerschwärze zu beschränken. Wenn er sich an einem Buch erfreut, verlässt er insoweit die Chemie, hört jedoch damit nicht auf, Chemiker zu sein.

So selbstverständlich, ja geradezu banal das klingen mag, so wesentlich ist dieser Gedanke bei der Frage nach dem Verhältnis der unterschiedlichen Schichten des wissenschaftlichen Denkens. Wer an Gott glaubt, muss nicht aufhören, seine Naturwissenschaft ernst zu nehmen, weil dieser Glaube auf einer höheren Ebene der Erkenntnis angesiedelt ist. Und umgekehrt: Ein Theologe kann sich nicht darauf beschränken, auf den Flügeln des Geistes das Jenseits zu durchmessen, er lebt in einem Alltag voller materieller Probleme. Leider wird das vielfach verkannt. Viele Menschen meinen, es gebe hier nur ein Entweder-oder.

Philosophie, die in dieser Darstellung der Schichten nicht erwähnt wird, könnte und müsste die Brücken schlagen zwischen diesen Teilen der als Gesamtheit aufgefassten Wissenschaft. Wenn Naturwissenschaftler so oft mit geistigen Phänomenen nichts anfangen können, wäre es Aufgabe der Philosophie als Lehre vom Wissenkönnen, hier erklärend zu wirken. Eigentlich wäre sie gefragt, wenn es darum geht, die Wissenschaften durch eine dem Geist und der Materie in gleicher Weise gerecht werdende Sprache zu verbinden. Prominente Physiker wie z. B. Werner Heisenberg und Carl Friedrich von Weizsäcker, auch der lange Zeit sehr populäre Hoimar von Ditfurth haben versucht, solche Brücken zu schlagen.

Man kann die Schichtung der Wissenschaften so erklären: Wenn jede Wissenschaft streng auf ihre eigene Methodik achtet und nicht auf die Welt als Ganzes, dann gilt dies: Die unteren Schichten kommen ohne die oberen aus, die oberen jedoch nicht ohne die unteren. Physik kann man weitgehend ohne chemische Kenntnisse verstehen. Wer aber tiefer in die Chemie eindringen will, muss sich mit Kernphysik befassen. Biologie braucht die Medizin nicht, doch die Medizin kommt ohne Chemie und Biologie – im weitesten Sinne verstanden – nicht aus. Und schon gar nicht braucht die Biologie, wenn sie sich auf die in ihrem Bereich erforschbaren Fakten beschränkt, die Theologie. Das haben wir ja gesehen. Den Theologen wird allmählich klar, dass andererseits sie die Ergebnisse der naturwissenschaftlichen Forschung in ihr Weltbild integrieren müssen, denn ein Glaube, der durch die Erkenntnisse der naturwissenschaftlichen Forschung ins Wanken kommt, taugt auch ohne diese nichts.

Immer wieder kam es vor, dass die unterschiedlichen Ebenen der Wissenschaften nicht beachtet wurden. Einst mischte sich die Kirche in die Naturwissenschaft ein. Galileo Galilei wurde gezwungen, das, was er als Wahrheit über den Kosmos erkannt hatte, zu widerrufen. Da das Heilige Officium in Rom aber am Funktionieren des Kosmos nichts ändern konnte, beschädigte es schon dadurch bei allen, die auf Seiten der wissenschaftlich ermittelten Fakten standen, seine Autorität. Soweit in Re-

ligionen naturwissenschaftliche Erkenntnisse ignoriert oder wegdiskutiert werden, wie es die so genannten Kreationisten tun, werden die Verkünder solcher Denkverbote für moderne Menschen unglaubwürdig.
Ein Astronom muss von Astronomie mehr verstehen als ein Kardinal – und ein Kardinal mehr von Religion als ein Astronom. Ein Biologe kann den Geistlichen nicht vorschreiben, wie sie die geistigen Phänomene der Welt deuten müssen. Dennoch kommt es vor, dass in unserer Zeit Theologen sich von materialistischen Schlüssen der Forscher ins Bockshorn jagen lassen, anstatt eigene Erfahrungen auf höherer Ebene einzubringen. Ein Beispiel dafür bietet der umstrittene Göttinger Theologe Gerd Lüdemann, der in seinem 1998 erschienenen Buch »Der große Betrug« sich nicht nur vom Christentum, sondern auch vom Glauben an Gott lossagt, unter anderem mit dieser Begründung aus einem fiktiven Brief an Jesus: »Dein Gott hat die Welt nicht erschaffen ... Vielmehr ist das Universum durch Evolution entstanden, an deren Anfang nach heutigem Wissen ein Urknall lag« (14). Ein Theologe, wenn man einen Menschen mit dieser Einstellung so nennen kann, argumentiert also rein naturwissenschaftlich gegen die Religion, anscheinend ohne zu bedenken, dass diese ihre Erfahrungen und Lehren aus ganz anderer Ebene schöpft. Dass man in Physik und Biologie Gott weder suchen noch nachweisen kann, dass man in deren Vokabular über ihn weder positive noch negative Aussagen machen kann, weiß man spätestens seit Kant. Diese Schrift eines Theologieprofessors zeugt also von einem grundlegenden Missverständnis dessen, was eine Wissenschaft kann und nicht kann. Man muss den Sinn der Schichten in diesem Zusammenhang so verstehen: Der mit Mitteln der Physik errechnete Urknall ist

kein Argument gegen die Religion und umgekehrt, es gibt keine religiösen Argumente gegen die Theorie vom Urknall. Diese beiden Wissenschaften müssen sich gegenseitig zur Kenntnis nehmen und respektieren, sie müssen jedoch immer bedenken, dass die Argumentationsebenen nicht vertauscht werden. Jeder Mensch hat die Freiheit, sich zu seinem Glauben zu bekennen, ihn zu suchen oder nicht zu suchen, zu verlieren oder zu finden. Wenn jedoch ein Mensch seinen Glauben mit physikalischen Argumenten aufgibt, dann hat er weder Physik noch Religion wirklich verstanden. Da solche Argumente häufig sind, belegen sie, wie wenig philosophische Grundkenntnisse bei uns verbreitet sind.

Ein weiteres Beispiel für einen Übergriff in andere Schichten soll noch gezeigt werden. In seinem »Grundriss der Evolutionsbiologie« schreibt Franz M. Wuketits: »Es kann kein Zweifel daran bestehen, dass das Organische aus lebloser Materie hervorgegangen ist, als Folge von Prozessen, deren Erkenntnis heute die Annahme immaterieller Faktoren für die Lebensentstehung überflüssig macht« (61). Hier wird also namens der Biologie eine Feststellung über »immaterielle Faktoren« getroffen, wenn auch eine negative, lediglich mit der unausgesprochenen Begründung, dass man diese in der Biologie nicht entdecken kann. Eine solche Aussage steht im Grunde auf dem gleichen Niveau wie die eines Mediziners, der feststellt, dass ein Mensch mangels Gewichtsverlust beim Sterben keine Seele haben kann. Der Chemiker behauptet ja auch nicht, ein Buch habe keinen geistigen Gehalt, weil er ihn in der chemischen Analyse nicht finden kann. Stattdessen müsste sich ein Biologe darauf beschränken, zu bemerken, dass man innerhalb der naturwissenschaftlichen Betrachtung der Natur keine »immateriellen Faktoren«

feststellen könne. Darin könnte man ihm nicht widersprechen. Sie als »überflüssig« hinzustellen geht schon einen Schritt über die Biologie hinaus. Natürlich darf er ergänzend hinzufügen, dass er darüber hinaus der Ansicht sei, solche Faktoren gebe es nicht. Schließlich muss ein Forscher seine Meinung zum Ausdruck bringen, auch dann, wenn er sie innerhalb seines Fachs nicht belegen kann. Dann jedoch muss er dem anders Denkenden direkt oder indirekt eine Brücke bauen und darf nicht einfach behaupten, »es kann kein Zweifel daran bestehen«, zumal es solche Zweifel zur Genüge gibt, auch innerhalb der Biologie. Ein Forscher darf das, was er mit seinem Handwerkszeug nicht fassen kann, nicht von vornherein ausschließen und verdrängen. Hier böte sich die Philosophie an, als Grundlage aller Wissenschaften, soweit sie auch als Lehre vom Wissenkönnen verstanden wird. Goethe wusste dies natürlich auch schon, wenn auch nicht als theoretische Lehre, sondern in »verdichteter« Form.

Faust hätte es doch so leicht gehabt, für alles eine Erklärung zu finden, nach dem Rezept: »das ist nichts anderes als …« Doch dann als Faust endlich sich mit dem Geist verbunden fühlt, bekommt er von diesem eine kalte Dusche verpasst.

> *Faust:* Der du die weite Welt umschweifst,
> Geschäftiger Geist, wie nah fühl' ich mich dir!
> *Geist:* Du gleichst dem Geist, den du begreifst,
> Nicht mir!

Der Geist lässt sich nie fassen und doch dürfen wir ihn nicht aus unserem Denken verbannen. Von einem Forscher muss verlangt werden, dass er nicht nur mit den

Methoden seines Fachs, sondern auch mit den Grundlagen des philosophischen Denkens umgehen kann. Ist er dazu bereit, dann weiß er, dass die Welt nicht allein aus der Materie erklärt werden kann. Carl Friedrich von Weizsäcker schrieb einmal, jemand, »der seine Gedanken nachdenkt«, erfahre dabei, wie er schon durch die Wahl der einfachsten mathematischen Begriffe eine metaphysische Entscheidung fälle (in: Dürr, Physik und Transzendenz, 250). In der Tat, die ganze Mathematik baut auf letzten Endes unbeweisbaren Axiomen. Sie ist ein geistiges Prinzip, mit dessen Hilfe zwar materielle Vorgänge verständlich und nachvollziehbar gemacht werden können, das aber selbst nicht aus der Materie hergeleitet werden kann.
Es gibt metaphysische Entscheidungen, zu denen sich ein Naturwissenschaftler bekennen kann, ohne seine Zunft zu verraten. Vielleicht mag man darin den größten Sinneswandel – man kann auch sagen Paradigmenwechsel – unserer Zeit feststellen. Er besteht darin, dass die Suche nach metaphysischen Grundlagen naturwissenschaftlicher Erkenntnisse kein Tabu mehr ist. Für die großen Physiker wie Max Planck, Albert Einstein, Max Born, Erwin Schrödinger, Werner Heisenberg, C. F. von Weizsäcker und manche andere war es das sowieso noch nie. Neu sind die Wege, auf denen man versucht, dem schöpferischen Geist näher zu kommen und das Gefängnis des Glaubens an die Ausschließlichkeit der in der Materie erforschbaren Kräfte zu verlassen.

Zweiter Teil

Auf der Suche nach dem schöpferischen Geist

Wunder, die sich wiederholen

Inwieweit steht das »Denken in Naturgesetzen« dem Wunder entgegen?

»Mit dem Nachlassen religiöser Vorstellungen ging einher, dass man nur noch im Wunder göttliches Einwirken sah. Aber gerade dies zeigt deutlich, wie sehr das Denken in Naturgesetzen den Menschen nach und nach vertraut wurde.«

Auguste Comte

Wer auf ein Wunder wartet, übersieht es im Alltäglichen. Ein wichtiger Ahnherr des in den Naturwissenschaften vorherrschenden Denkens und zugleich der Begründer des von ihm so genannten Positivismus war der Franzose Auguste Comte (1798–1857). Sein Hauptwerk war der »Cours de Philosophie positive«, ein Lehrgang, in dem seine positivistische Auffassung breiten Schichten der Bevölkerung vorgestellt werden sollte. In dieser Anleitung, die Welt zu verstehen, erklärte er Theologie und Metaphysik als etwas Überholtes und Überwundenes. »Jetzt endlich, in der Zeit des Positivismus, werden wir uns bewusst, dass es unmöglich ist, absolut gültige Erkenntnisse zu erlangen; daher verzichten wir darauf, den Ursprung und das Ziel des Universums zu erforschen oder die eigentlichen Ursachen solcher Erscheinungen zu kennen; wir beschränken uns darauf, ihre Gesetze zu erforschen, das heißt, ihre Wirkungen miteinander zu ver-

gleichen. Dazu benützen wir Vernunft und Beobachtung« (I, 3). Ausgerüstet mit dieser Grundüberzeugung durchleuchtete er alle Wissenschaften, in denen er nur das für wesentlich hielt, was sich über Vernunft und Beobachtung erfahren ließ. Immerhin war er dabei so ehrlich, dass er den »Ursprung und das Ziel des Universums« ausklammerte, weil darüber nur metaphysische Aussagen möglich wären, die in einem positivistischen Weltbild nichts verloren haben. Auch das Leben lohnt – nach Comte – nur insoweit die Forschung, als man auf spekulative und abstrakte Erwägungen verzichten kann; stattdessen, meinte er, müsse man Gewichte und Druck ermitteln, Bewegungen beobachten, Temperatur messen usw. Doch beschränkte er sich nicht auf die körperlichen Vorgänge. Man könne auch intellektuelle und moralische Erscheinungen als Äußerungen des Lebens verstehen und dementsprechend mit objektiven, positiven Methoden erforschen (I, 511). Selbst das Zusammenleben der Menschen wird so zu einer positiven Wissenschaft. Comte prägte dafür das Wort »Soziologie«.
Wir sprechen leichtfertig von den Wundern der Natur, gibt es denn in der Schöpfung so etwas wie Wunder, die einer positivistischen Betrachtungsweise standhalten können? Als Noah mit seiner Arche nach der Sintflut wieder gelandet war, erblickte er im Regenbogen ein Wunder und zugleich ein Zeichen göttlicher Versöhnung und Verbundenheit. Heute wissen wir genau, wie dieses optische Phänomen zustande kommt. Wir können das Farbspektrum sogar selbst produzieren, wenn wir bei Sonnenschein den Rasen spritzen. Ist damit alles gesagt?

Es ist kein Wunder, wenn wir uns über nichts mehr wundern können. Man kann doch alles erklären und ganz nüchtern auf seine physikalischen Ursachen zurückführen. Je mehr wir wissen, desto rarer machen sich die Wunder, und wenn wir dann schließlich alles erforscht haben, verschwinden sie ganz. Wenn Comte Recht hat, dann hört mit den Wundern auch Gott auf. Die Welt dennoch wunderbar zu finden, das hat dann nichts mehr mit (Natur-)Wissenschaft zu tun. Ein Forscher darf sich allenfalls noch über seine Telefonrechnung wundern, ansonsten muss er die Natur als etwas betrachten, was zwar bislang Unbekanntes hervorbringen kann, aber nichts, was ihren Gesetzen zuwiderläuft.

Sich wundern gilt als unfein unter Naturwissenschaftlern. Einstein hat zwar einmal von der »Erhabenheit und wunderbaren Ordnung der Natur« gesprochen; ihm mag man das gerade noch nachsehen, er war schließlich ein Außenseiter. Wunder, die sich wiederholen, werden nicht als Wunder erkannt. Sie gelten als eine Selbstverständlichkeit. Das Wunder verliert seine Kraft, wenn wir es gewöhnt sind. Andererseits ist das Einmalige, Unwiederholbare, Spontane kein Feld, für das sich die Naturwissenschaft interessieren könnte, es passt in kein System, keine Ordnung, kein Gesetz, man kann es zu nichts gebrauchen, mit ihm kann man keinen Nobelpreis erringen.

Wie steht es da mit der Schöpfung? Das, was sie wirklich ausmacht, muss das radikal Neue, zuvor nie Dagewesene sein. Was schon immer war, wie es ist, wenn auch verändert, das kann allenfalls eine Folge, nicht aber die Schöpfung selbst sein. Doch die Schöpfung steht nie still, ist nicht vollendet, wir sind mitten in ihr.

Die Wissenschaft steht vor diesem Dilemma: Entweder waren alle Naturgesetze schon immer da, dann folgt auch das Neue aus ihrem Wirken. So gesehen ist alles irgend-

wie selbstverständlich und im wahrsten Sinne des Wortes normal. Doch sind wir uns ganz sicher, dass nicht auch Gewohnheiten und Gesetze der Natur sich allmählich ändern können? Ein solcher Änderungsprozess wäre vielleicht so langsam, dass wir in unserer Zeit ihm nicht auf die Spur kommen. Wir wissen es nicht. Wir müssten die Welt aus großer zeitlicher und räumlicher Entfernung beobachten können, um mehr darüber zu wissen.
Ein Forscher aus einer fernen Welt, in der es einen hoch entwickelten Verstand, jedoch kein Leben im Sinne unserer irdischen Biologie gibt, besucht zum ersten Mal unsere Erde. Ob es so etwas in Wirklichkeit geben kann oder nicht, soll hier nicht erörtert werden, denn in Gedanken ist (fast) alles möglich. Dieser Forscher hat nun, nehmen wir an, eine hohe Intelligenz und einen engen Horizont, immerhin so etwas gibt es auch auf unserer Erde. Er beobachtet an einem Blatt ein weißes Pünktchen und beschränkt sich während seines Abstechers auf die Erde einige Monate darauf, nur dieses Blatt und ein paar gleichartige Pflanzen zu beobachten. Nach Rückkehr zu seinen entfernten Genossen berichtet er: Das Pünktchen ist ein chaotisches Wesen, das nicht weiß, was es will. Es ändert immer wieder seine Gestalt und man sieht nie, wohin das führen soll. Zunächst verwandelte es sich in ein sehr gefräßiges Krabbelwesen, das immer dicker wurde. Dann schien ihm das nicht zu gefallen, also veränderte es seine Gestalt auf unerklärliche Weise und hängte sich auf, man musste annehmen, es lebe nicht mehr. Nach ein paar weiteren Tagen schlüpfte aus dem aufgehängten kleinen Sack ein ziemlich großes Tier mit aufklappbaren, bunten Flügeln und flatterte davon. Der fremde Forscher hatte keine Ahnung, was es mit diesem eigensinnigen Verhalten auf sich hat. Bei seinem nächsten Erdaufenthalt un-

tersuchte er wieder das gleiche Phänomen. Er nahm das kleine, auf der Pflanze abgelegte Ei unter das Mikroskop, um festzustellen, ob die Endform – wie wir wissen, der Schmetterling – im Ei schon in irgendeiner Weise vorgebildet sei. Das konnte er aber nicht erkennen. Auch in der flügellosen Raupe sah er nicht, ob sie einmal ein Falter oder ein Wurm werden sollte, denn er kannte sich ja in der irdischen Biologie noch nicht aus. Er schloss seinen Bericht mit der Feststellung, auf der Erde gebe es Wesen, die ziellos und planlos ihre Gestalt ändern könnten, er habe das auch an einer Pflanze beobachtet. Ein braunes Körnchen im Boden wachse als grünes Blatt aus der Erde heraus, dann zeige es eine fransige gelbe Blüte, diese bilde sich um und werde zum Startplatz für viele kleine Fallschirmchen, an denen wieder braune Körnchen hingen. Wenn Wind wehe, verließen die Körner den Startplatz an den Fallschirmen und fielen irgendwo auf die Erde. Das müsse eine listige Pflanze sein, der so etwas einfalle. Allerdings ein Gehirn habe er in ihr nicht entdecken können. Das alles könne nur ohne Plan und Ziel sein, denn sonst würde man vorhersehen können, was da jeweils geschehen sollte. Auch in dem Pünktchen auf dem Blatt, das später einmal davonflattern sollte, habe er kein Gehirn feststellen können, dabei müsste es doch ein umfangreiches Wissen in sich tragen, um sich verwandeln zu können.

Wir haben uns längst abgewöhnt, uns über einen Schmetterling oder eine Löwenzahnblüte zu wundern, das alles erscheint doch jedes Jahr in unbegrenzter Menge. Darüber hinaus gibt es ja noch viel kompliziertere Listen und Tricks in der Natur. Tiere, die je nach Bedarf ihre Farbe ändern, oder Fliegen und Schmetterlinge, die sich als gefährliche Wespen tarnen, Pflanzen, die für Insekten gefährliche Fallen stellen, und vieles mehr. Wir wissen längst im Voraus, was aus einer Raupe oder aus einem Samenkorn sich entwickeln wird, weil wir unsere langjährige Erfahrung einbringen können mit einem Phänomen, das sich zuverlässig immer wiederholt. Ohne viel darüber nachzudenken, spricht man zwar immer wieder von den »Wundern der Natur«, doch sind es denn Wunder oder verwenden wir für solche Erscheinungen das falsche Wort?

Die wirklichen Wunder haben es nicht nötig, gegen die Gesetze der Natur zu verstoßen, sie begnügen sich damit, uns zu zeigen, zu welchen Methoden und Listen die Schöpfung greifen kann, um uns da Staunen beizubringen. Manches geschieht auch so, dass wir es nicht oder noch nicht begreifen können, weil seine Ursachen uns konfus erscheinen. Es sind Ereignisse, in denen wir annehmen, hier wirke Geistiges unmittelbar auf die Materie ein. Doch wenn man die Natur vorurteilslos betrachtet, dann ist auch dies nichts Besonderes. Physikalische Gesetze sind schließlich auch etwas Immaterielles. Das Ohm'sche Gesetz »findet statt«, doch nur da, wo wir es messen können. Wir können beobachten, was die Gesetze bewirken, aber sie selbst bleiben unfassbar. Eine Idee, die uns in den Kopf springt und uns spontan handeln lässt, ist schließlich auch ein Beleg dafür, wie sich Geistiges verwirklicht. Doch an dieser Frage erhitzen sich immer noch die Gemüter. Immaterielles hat der Materie nichts zu befehlen, ist die eine These; die Gegenthese lautet: Alles Handeln beruht auf geistigen Impulsen.

Die Wahrheit über das Wunder bleibt ein Geheimnis. Wenn wir ehrlich sind, können wir mit den Mitteln unserer Gelehrsamkeit nicht erklären, wie auf langen Umwegen der Evolution der Mensch zustande gekommen ist, ja nicht einmal, wie aus einem kleinen Ei auf dem Blatt ein Schmetterling wird. Das alles ist in vielen Millionen Jahren irgendwie entstanden. Vielleicht ist die Philosophie der Schöpfung für manche auch eine Philosophie des »Irgendwie«, weil dies ein Wort ist, das alles offen lässt und das Unwissen verbergen soll. Wer sich jedoch zu seinem Unwissen bekennt, ist immer noch ehrlicher als jemand, der für alles eine Erklärung hat, die sich auf angeblich ganz einfache Strukturen zurückführen (reduzieren) lässt. Das Schlagwort eines solchen Reduktionismus lautet: »Das ist nichts anderes als ...« Wie zum Beispiel: »Leben ist nichts anderes als eine komplizierte Folge chemischer Reaktionen unter entsprechenden Bedingungen.«

Wunder gibt es immer und überall, wir dürfen sie nur nicht hinter unseren festgefahrenen Vorstellungen verschwinden lassen. Dass der Regenbogen kein Wunder ist, über das wir heute noch staunen können, wissen wir längst. Es ist nur eine Frage nicht so leicht zu beantworten: Ein Autofahrer ist gerade durch ein schweres Gewitter gefahren und erblickt nun plötzlich vor der schwarzgrauen Wolkenwand einen Regenbogen. Wer oder was hindert ihn, darin dennoch ein Zeichen göttlicher Versöhnung zu sehen?

Das All weiss in mir

Gregory Bateson und die »Energetik des geistigen Prozesses«

»Nah ist
Und schwer zu fassen der Gott.
Wo aber Gefahr ist, wächst
Das Rettende auch.«

Friedrich Hölderlin

»Die Einheit des evolutionären Überlebens erweist sich identisch mit der Einheit des Geistes.«

Gregory Bateson

Die Natur stellt uns vor Rätsel. Unsere Aufgabe besteht nicht nur darin, sie zu lösen, sondern zunächst überhaupt erst zu erahnen, wie die Frage lautet. Gott, Natur, Geist der Evolution – das ist »schwer zu fassen«, doch wir dürfen auch vor unlösbaren Fragen nicht resignieren. Die Mauer, die uns von der Transzendenz trennt, hat Lücken.

Vor einigen Jahrzehnten wurde vermutlich mit dem Transport von Sportbooten von asiatischen Gestaden die kleine Dreikantmuschel (Dreissena polymorpha) in süddeutsche Seen, vor allem auch in den Bodensee, eingeschleppt. Diese Muscheln fühlten sich in den neu erworbenen Gewässern dank der überdüngten Abwässer mehr als wohl, vermehrten sich rasend und machten die Badegäste ebenso rasend, wenn diese barfuß auf solche spitzen Dinger traten. Die Dreikantmuscheln siedelten sich überall am Seegrund in Ufernähe an, auch an Booten und Badestegen, sie verdrängten einheimische Muschelarten. Manche Strände wurden im wahrsten Sinne des Wortes unbegehbar. Menschliche Versuche, dieser Plage Herr zu werden, misslangen. Inzwischen hat sich die Lage ohne menschliche Einwirkung, gewissermaßen von selbst wieder normalisiert. Die »neue« Muschelart gedeiht zwar nach wie vor prächtig, doch ihre Bestände werden jedes Jahr zu rund neunzig Prozent durch Wasservögel, vor allem durch Blesshühner, aufgefressen. Deren Bestand hat sich allerdings seither vervielfacht, dank der reichlichen Muschelernte. Da sie sich aber vorwiegend aus dem Wasser ernähren, sind sie den Menschen willkommen. Warum vertilgen die Wasservögel nur neunzig und nicht hundert Prozent der Muscheln? Man könnte vermuten: Die Vögel wissen, dass sie sonst im nächsten Jahr nichts mehr zu fressen hätten. Die Erklärung ist aber scheinbar noch einfacher: Die Blesshühner können nur bis zu einer gewissen Tiefe hinuntertauchen, die Muscheln ertragen jedoch eine etwas größere Tiefe. An diesen Stellen sind sie vor hungrigen Tauchern geschützt, von dort aus können sie sich jährlich wieder erneut vermehren.

Diese sehr gewöhnliche und leicht nachvollziehbare Geschichte aus dem Naturleben ist zugleich auch ein Beispiel dafür, wie die Natur reagieren kann, wenn man sie lässt. Sie gleicht aus, im Kleinen wie im Großen; sie ist wohl noch dynamischer und trickreicher als der schlaue Mensch. Doch dieser hält sich allein für fähig, sinnvoll zu planen und zu gestalten. Er betätigt sich als »Schöpfer« seiner eigenen Werke.

Technik ist zunehmend zu dem Feld geworden, in dem

sich menschlicher Erfindergeist austoben konnte. Wir vernehmen es doch allerorten: Naturwissenschaften und Technik kommen ohne Begriffe wie Geist, Gott, Schöpfer aus, wenn darunter jemand anderes verstanden werden soll als ein besonders erfolgreicher Mensch. Sie funktionieren ohne solch hintergründige Unterstellungen. Und wenn es beispielsweise einen evolutionären Entwicklungsprozess von der Benz'schen Benzinkutsche zum Ferrari der heutigen Weltmeisterschaften gegeben hat, dann zeigt sich doch gerade hier, wie wenig man den göttlichen Schöpfer dazu braucht. Das Auto und seine Entwicklung haben eine Evolution durchgemacht, es sind immer wieder Modelle versucht worden, die sich nicht auf dem Markt bewährt haben, andere wurden Renner und Sieger. Darwin lässt grüßen. Gerade auf diesem Gebiet wird jedoch ersichtlich, dass die Makro-Evolution anders funktionierte. Die ersten Benzinkutschen sind nicht durch eine wild herumfuchtelnde Bastelei entstanden, sondern aus dem planmäßig in die Tat umgesetzten Traum von einem selbst fahrenden Gefährt, das nicht gezogen werden muss und doch anders funktioniert als die schwerfällige Dampflokomotive. Auch die jeweils neuen Autotypen sind nicht blindlings ausprobiert wurden. Sonst müsste man annehmen, da gäbe es einige hunderttausend Klempner, die einfach drauflos Bleche zusammenschweißen und einmal steht da rein durch Zufall ein neues Auto da. Zumindest auf diesem Gebiet wissen wir es besser. Was konstruiert wird, ist das Ergebnis teilweise schwieriger schöpferischer Prozesse und Planungen. Erst dann kann es produziert werden. Es haben also hier mehrere Faktoren zusammengewirkt: menschlicher Erfindergeist, Erfahrungen aus Vorläufermodellen, Marktsituation, technische Gegebenheiten und manches mehr.

Man kann ein Modell nie völlig ins Blaue hinein bauen, sondern es muss sich in eine lange Ahnenreihe einordnen lassen.
Bevor ein neues Modell in Serie geht, entsteht es virtuell in den Köpfen der Konstrukteure. Ohne die genialen Pioniere, die inspirierten Techniker und Tüftler wäre diese Entwicklung nie in Gang gekommen. Dies gilt für alle Gebiete der Technik. Am Beginn einer neuen Entwicklung steht nicht der Zufall, sondern der Mensch mit seiner Idee, selbst wenn sie ihm angeblich zufällig in den Kopf geschossen zu sein scheint. Niemand leugnet dies. Ein neuer Autoscheinwerfer hat also ein intelligentes Design, das Adlerauge dagegen ist ein Zufallsprodukt? Es ist wahr, wir kennen den Konstrukteur der Natur nicht, wir wissen nicht, wo und wie er seine Pläne schmiedet und wie er sie dann umsetzt. Wir wissen nur eines: Es ist Intelligenz und unendliche Weisheit zumindest im Ergebnis. Was in der Natur geschieht, hat einen Sinn und lässt erkennen, dass dieser Sinn über dem Ergebnis steht.
Dabei ist noch nicht einmal geklärt, wie der schöpferische Impuls in einen Menschen gelangt. Man spricht von Inspiration, also vom Eindringen einer geistigen Kraft in den Menschen, oder, in ähnlichem Sinne und noch deutlicher, von Eingebung, womit zum Ausdruck kommt, dass das so Erfahrene eigentlich von außen kommt. Woher es auf ihn einströmt, das weiß der Autor eines Kunstwerks selbst nicht. Er weiß nur, dass es nicht ein künstliches Konstrukt ist, sondern etwas, das im Idealfall schon mehr oder weniger fertig auf ihn zukommt. Mozart schrieb einmal in einem Brief an seinen Vater über seine Arbeit an der Oper »Idomeneo«: »Komponiert ist schon alles, aber geschrieben noch nicht.« Wie das in der Praxis aussah, bestätigt die Erzählung, dass Mozart sein vielleicht ge-

nialstes Orchesterstück, die Ouvertüre zu seiner Oper »Don Giovanni«, in der Nacht zum 28. Oktober 1787, dem Tag vor der Premiere in Prag, komponiert haben soll. Um ihn bei der Arbeit wach zu halten, musste ihm seine Frau Konstanze die Nacht über Märchen erzählen und gelegentlich Punsch nachgießen. Erklären kann man sich das nur, wenn überhaupt, dass die Musik in ihm schon, vielleicht unbewusst, vorhanden war, dass sie der Komponist lediglich noch »abrufen« musste. Zeit zum Überlegen oder gar Konstruieren hatte und brauchte er dazu nicht. Im Grunde ist Genialität nach wie vor ein ungelöstes Rätsel. Welchen Verdienst hat dabei der geniale Mensch? Er muss fleißig und ausdauernd sein, er muss seinem Werk Opfer bringen, gewiss, doch solches leisten andere ohne Begabung auch. Das Eigentliche muss ihm gegeben sein, das liegt nicht in seiner Hand. Es ist unbezwingbar und es kommt von ungefähr. Herkunft und Ausbildung sind wichtig, doch sie sind nie das Entscheidende. Eines kann man sicher annehmen: Die Don-Giovanni-Ouvertüre ist weder konstruiert noch zufällig. Da muss es einen dritten Weg geben.

Die Frage nach dem Geist der Schöpfung lässt die Menschen nicht ruhen, soweit sie bereit sind, darüber nachzudenken. Immer wieder versuchen Denker, die Tricks der Natur, auch soweit sie sich nicht in Gesetze fassen lassen, zu durchschauen, um die Spuren des Geistes aufzufinden.

Einer von ihnen ist ein vielseitiger, origineller, oft witziger Denker und geistiger Abenteurer. Es ist der aus England stammende, lange Jahre in Amerika lehrende Anthropologe und Evolutionstheoretiker Gregory Bateson (1904–1980). Er verschob die Grenze seiner Forschungen weit in das Feld des Geistigen hinein, beispielsweise

in Werken wie »Double Bind« (1969); »Ökologie des Geistes« (Steps to an Ecology of Mind, 1972) oder »Geist und Natur« (Mind and Nature, 1979). Bateson untersuchte unter anderem die Wechselwirkung unterschiedlicher Teile aufeinander und ging davon aus, dass hierbei ein geistiges Spannungsverhältnis ausgelöst werde. Nicht in den Teilen ist der Geist, meinte er, sondern in ihrer Wirkung aufeinander. »Die Energetik des geistigen Prozesses« muss angenommen werden, »weil alle Prozesse, gleich welcher Art, Energie brauchen«. So verstanden besteht ein Spannungsverhältnis zwischen dem Wanderer und dem Berg, der ihn zum Besteigen herausfordert. Die Energie wirkt sich beim Besteigen aus. »Ein statischer, unveränderter Zustand, der vermutlich ganz unabhängig davon, ob wir ihn empfinden oder nicht, im äußeren Universum existiert, wird Ursache eines Ereignisses, einer Stufenfunktion, einer krassen Veränderung« (Geist und Natur, 119). Natürlich gilt dies erst recht im Verhältnis zweier Menschen. Der Energiefluss tritt nicht erst ein, wenn sie sich berühren, er kann sich schon im schweigenden Nebeneinander oder aus großer Ferne auswirken.
Ein Mensch, der unter unausgeglichenen Einflüssen verschiedener Menschen steht, wenn widersprüchliche Erwartungen gleichzeitig auf ihn einwirken und ihn in unlösbare Spannungen versetzen, gerät psychisch durcheinander. Wenn z. B. ein Kind spürt, wie ihm sein Vater etwas erlauben möchte, was die Mutter verbietet, können solche Spannungen zu einer seelisch krank machenden Doppelbindung (Double Bind) führen, ein Begriff, der Bateson berühmt gemacht hat. Entgegengesetzte geistige Felder können zum psychischen Chaos führen, bis zu dem Extremfall, dass schwere Psychosen auftreten.

Ausgangspunkt von Batesons Denken ist diese Auffassung: »Ich bekenne mich zu dem Glauben, dass mein Wissen ein kleiner Teil eines umfassenderen integrierten Wissens ist, das die gesamte Biosphäre oder Schöpfung verbindet« (Geist und Natur, 112). Diese Empfindung hatte schon Schelling, als er 1804 in einer Vorlesung sagte: »Nicht ich weiß, sondern nur das All weiß in mir« (2. Erg. Bd., 70). Batesons Bekenntnis, zu dem er höchstwahrscheinlich völlig unabhängig von Schelling gelangt ist, stimmt mit dessen These inhaltlich überein. Was Menschen erfinden konnten und können, ist Teil eines umfassenden Geistes, der sich im Individuum in unterschiedlicher Weise auffinden und darstellen lässt.

Die Freiheit der Schiffe auf dem Meer

Rupert Riedl und die »Kanalisation des Zufalls«

»Das Schöpferische ist den Anfangsbedingungen unserer Welt nur der Möglichkeit nach notwendig vorgegeben. Die realen schöpferischen Akte liegen unvorhersehbar verstreut in der Geschichte des Werdens.«

Rupert Riedl

Der Zufall kann nicht alles sein. Gibt es nicht noch andere Prinzipien, die erkennen lassen, dass die Evolution auch ohne schöpferischen Geist aus dem Jenseits funktioniert?

Die »Flügel« der Pinguine dienen nicht zum Fliegen, sondern zum Schwimmen, sie ähneln eher der Flosse eines Fischs als den Flügeln einer Schwalbe, obwohl doch die Schwalbe biologisch dem Pinguin näher verwandt ist als der Hering. Auf der Suche nach der »Strategie der Genesis« kam der Wiener Biologe und Systemtheoretiker Rupert Riedl in seinem gleichnamigen Buch zu dieser Aussage: »Die Form der Flosse muss etwas von der Wahrheit des Wassers enthalten, sonst würde sie nicht existieren« (299). Das ist ein einleuchtender Satz. Das Wasser fordert und fördert ein bestimmtes Verhalten, wenn man sich in ihm gewandt und schnell fortbewegen will, wer auch immer die biologischen Ahnen waren; die Welt, in der ein Tier lebt, bestimmt die Form der entsprechenden Organe. Die Evolution kümmert sich also in mancher Beziehung weniger um die gemeinsame Abstammung als um die Anpassung an den jeweiligen Lebensraum. Es gibt da Zweckmäßigkeiten, Gesetze und Strategien, die über alle Gebiete in der Natur verteilt sind. Doch gilt die »Wahrheit des Wassers« auch für die Wahrheit der Lüfte? Der zitierte Satz ist nur der Anfang eines Gedankens. Riedl fährt so fort: »Aber selbst eine pragmatische Wahrheit ist noch längst keine ganze Wahrheit; denn der Flügel des Schmetterlings widerspricht den Flügeln des Adlers.«

Es ist sicher für viele, die um solche Wahrheiten ringen, geradezu zum Verzweifeln. Kaum hat man eine kleine Wahrheit entdeckt, kommt schon eine andere daher und macht sie wieder zunichte. Wer eine Wahrheit entdeckt, die uns nicht sofort ihr »Ja-aber« ins Gesicht schleudert, ist wahrscheinlich auf einem Auge blind. Es wäre falsch, diese Gegebenheit als Grund zum Resignieren anzusehen, denn sonst müssten viele Denkstraßen wegen Glatteisgefahr ständig gesperrt bleiben.

Riedl, der statt Schöpfung das gleichbedeutende griechische Wort Genesis verwendet, ist das Gegenteil eines fachbeschränkten Engdenkers. Er legt beispielsweise auch Bereiche aus Literatur und Philosophie seinen Schlüssen zugrunde. Daher sagt er: »Zu suchen bleibt eine Theorie für das Ganze. Und da diese das Einzelfach verlassen muss, dürfen wir uns nicht auf das Einzelfach beschränken. Tatsächlich ist dies unsere Aufgabe« (32). Man kann das so verstehen: Wer die Schöpfung verstehen will, darf nicht nur in der Biologie forschen. Unsere Evolutionstheorie ist richtig, meint Riedl, aber unvollständig. »Sie hat die eine Seite der Genesis in den Griff bekommen, dummerweise die düstere. Das Hoffnungsvolle aber steckt schon in ihren Widersprüchen« (27). Und so ist zu verstehen, dass die von Riedl beschriebene Strategie ebenfalls voller Widersprüche steckt. Einerseits geht er als Biologe vom Zufall als dem eigentlich Bewegenden aus, andererseits bekennt er, nicht zu wissen, was der Zufall ist. »Wir wissen nicht einmal, ob es ihn wirklich gibt. Aber wir rechnen mit ihm, wo immer uns Voraussicht fehlt, wir anerkennen die Möglichkeit nicht determinierten Geschehens, wo uns die vermuteten Zusammenhänge zu verwirrt, kompliziert oder einfach methodisch nicht erschließbar werden« (52). Man könnte diesen Gedanken auch so ausdrücken: Der Zufall ist die Unbekannte, wie das x in mathematischen Gleichungen. Wir rechnen mit x, müssen aber leider darauf verzichten, es zu definieren. Wer oder was verbirgt sich nun hinter dem Faktor x in der Schöpfung?

Riedl gibt mit diesem Gedanken natürlich nicht auf. »Ich werde zu zeigen haben, dass die Strategie der Genesis in derselben Weise verfährt, indem sie den Zufall in Notwendigkeit überführt, Chaos in Ordnung verwandelt« (83). Woher rührt nun diese Notwendigkeit? Riedl meint, der »Finalnexus« müsse in den »Kausalnexus« als Ganzes aufgehen (320).

Um dies zu verstehen, müssen wir etwas weiter ausholen. Der Kausalnexus ist uns allen eine Selbstverständlichkeit, obwohl da einige Denker gleich ihre Vorbehalte äußern würden. Die sollen uns hier aber nicht aus dem Denkkonzept bringen. Wer einen Stein ins Wasser wirft, der bereitet die Ursache dafür, dass er Wellenringe erzeugt und untergeht. Der Wurf war also kausal für das, was dann geschehen ist. Beide Vorgänge sind miteinander verbunden oder verknüpft (Nexus lat. = Verknüpfung, Zusammenhang).

Mit dem so genannten Finalnexus ist das etwas komplizierter. Finis, das Ende, das Ziel, das Werden-Sollende, ist, so verstanden, mit dem Vorhandenen verknüpft, mit anderen Worten, die Zukunft wirkt auf die Gegenwart ein. Der Bauplan des Architekten zeigt das zukünftige Haus. Man kann also annehmen, die Bautätigkeit werde von dem virtuellen, noch nicht vorhandenen Haus beeinflusst. Für alle unsere Pläne gilt: Das Werden-Sollende schafft das Werdende. Insoweit ist es unproblematisch, von einem Finalnexus, der das Ziel mit dem Werdenden verbindet, zu sprechen. Wir wissen ja, dass der vor Baubeginn gezeichnete Plan insoweit zugleich auch eine Ursache aus der Vergangenheit darstellt.
In der Evolution ist das jedoch anders. Hier ist uns kein Plan bekannt, wir wissen auch nicht, wie dieser Plan, falls es einen geben sollte, in der Natur umgesetzt werden könnte. Der Architekt spricht mit den Arbeitern und gibt ihnen Anweisungen. Aber wie könnte ein Schöpfer auf die Reproduktion der Gene einwirken? Dafür fehlen uns geeignete Vorstellungen. Ginge man jedoch davon aus, dass die Natur das Werden-Sollende schon gespeichert hat, dann wäre dies ein Finalnexus, ein Zusammenhang, der unserer Zeitvorstellung widerspricht. Das Einwirken der Zukunft oder gar der Zeitlosigkeit auf die Gegenwart passt nicht in ein positivistisches Weltbild.
Ein weiteres, unverfängliches Beispiel wäre etwa folgendes: Zwischen Ei und Vogel besteht ein Kausalnexus und zugleich auch ein Finalnexus. Denn das Ei der Amsel ist die Ursache der werdenden jungen Amsel. Das entspricht dem altbekannten Kausalnexus. Nun lassen wir gedanklich die Zeit in der anderen Richtung laufen. In diesem Fall ist die werdende junge Amsel die Ursache dafür, dass das Ei gelegt und ausgebrütet wird. Das zu-

künftige Lebewesen fordert ein Ei, um entstehen zu können. Das wäre dann also ein Finalnexus. So gesehen und bewertet wird er allerdings nur selten, denn man weiß ja schließlich, wie ein Amseljunges auszusehen hat, und das Amselweibchen richtet sich nach seinen Instinkten, sie kann gar nicht anders, als nach dem Nestbau Eier zu legen und auszubrüten.

In der Naturgeschichte wird das jedoch ganz anders verstanden. Da geht es nicht um das einzelne Lebewesen, sondern um die Entstehung der Arten überhaupt. Der reine, blinde Zufall kennt weder Ziel noch Zweck. Er hat mit der Welt nichts vor, er lässt sie werden, wie sie eben wird. Er trifft keine Vorsorge für die Zukunft. Würde man jedoch in der Evolution einen Finalnexus annehmen, dann sieht die Sache ganz anders aus. So verstanden, wäre also nicht nur das Entstehen der nächsten Generation eine Ursache für die Befruchtung eines Weibchens, sondern auch der nächste Schritt der Evolution durch den Finalnexus eine »Ursache« für die neue Art von Lebewesen, die entstehen »soll«. Zufall wäre dann nur ein Wort für einen Impuls aus der Zukunft, den wir weder deuten noch erkennen können, weil wir nicht in die Zukunft sehen und ihre Pläne nicht kennen. Wir wissen zwar, wie eine junge Amsel aussieht, wir wissen jedoch nicht, was für ein komischer Vogel entstehen wird, wenn ein noch nicht geschlüpftes Junges ein zufällig verändertes Gen in sich trägt.

Denken wir die Unterstellung, es gebe einen Finalnexus in der Evolution, konsequent zu Ende, dann müsste seit Weltbeginn die Entwicklung der Natur das Urbild des in späten Tagen, nach Milliarden Jahren einmal entstehenden Menschen in sich getragen haben. Zu dieser Unterstellung kann die Naturwissenschaft nichts beitragen.

Wo und wie soll denn das künftige Geschehen verankert sein? Woher soll ein einzelliges Wesen wissen, was aus seinen Nachkommen einmal werden soll? Solche Ziele und Zwecke sind nirgends nachweisbar. Und dass der Zufall mehr sein soll als ein Zufall, das kann auch keiner beweisen. Es ist kein Zufall, wenn aus einem Amselei eine junge Amsel wird, es wäre aber einer, wenn eine Amsel plötzlich ein rotes Federkleid hätte statt einem schwarzen oder dunkelbraunen.

Nun zurück zu Riedl. Er kann zwar auch kein Ziel in der Natur finden, wohl aber Strategien, die, weil sie schon vorhanden sind, das Werden-Sollende mit bestimmen. Ein Dampfer hat auf dem Wasser jede Freiheit, er kann jedoch nur da anlanden, wo er einen Hafen findet. Ein Wanderer wird normalerweise einen Berg dort besteigen, wo er einen Pfad sieht. Die Natur wird überall von Ordnungen, Gesetzen, strategischen Möglichkeiten und Systemen beherrscht, die zwar nie das Ziel genau vorgeben, andererseits indirekt auch eine Ursache dafür sind, welche Ziele überhaupt angestrebt werden. Riedl folgert daraus: »Die Formgesetze von Organismus, Tier, Vielzeller, Wirbeltier, Säuger, Primat legten sich übereinander und führten zur Kanalisation des akzeptierbaren Zufalls. Mit diesen Bahnen wird der Richtungssinn des Möglichen, das Zielfeld des Erreichbaren immer deutlicher« (321).

Dieses Bekenntnis bringt uns auf dem Weg in die Unendlichkeit unserer Fragen ein Stück voran, aber dem Ziel nicht näher. Denn eine Frage kann auch Riedl nicht beantworten. Die einleuchtenden Begriffe »akzeptierter Zufall« und »Zielfeld des Erreichbaren« sagen nichts darüber aus, ob hinter allem ein Gestaltungswille, ein schöpferischer Geist angenommen werden kann.

Verbindungen ohne Kausalität

Synchronizität und morphische Felder

»Es ist nur die eingefleischte Überzeugung von der Allmacht der Kausalität, welche dem Verständnis Schwierigkeiten bereitet und es als undenkbar erscheinen lässt, dass ursachelose Ereignisse vorkommen oder vorhanden sein könnten.«

C. G. Jung

Alles hat eine Ursache. Doch die Ursachen können sich so tarnen, dass wir nicht mehr an sie glauben mögen. Ein Mensch begibt sich ans Telefon, um einen Bekannten anzurufen. Als er gerade den Hörer in die Hand nehmen will, klingelt es und gerade dieser Bekannte ruft an. – Man denkt ohne besonderen Anlass: Eigentlich könnte die N. wieder einmal schreiben. An diesem Tag trifft ein Brief von ihr ein. Solche alltäglichen Ereignisse werden normalerweise kaum noch registriert, weil fast jeder sie gelegentlich erlebt. Etwas schwieriger zu deuten ist es jedoch, wenn zwei Forscher oder Erfinder, die nicht miteinander in Verbindung stehen, am gleichen Objekt arbeiten. Die Infinitesimalrechnung wurde völlig unabhängig von Newton und von Leibniz erfunden. Selbst Charles Darwin hatte einmal ein solches Pech. Er hatte 1858 mit einer Arbeit über ein Thema der Evolutionstheorie begonnen, als er von einem Forscher namens Wallace, der sich damals im Malaiischen Archipel aufhielt, einen Auf-

satz zugeschickt bekam, der exakt die gleiche Theorie enthielt, die auch er gerade entwickelt hatte. Immer wieder kommt es vor, dass Erfindungen und Entdeckungen gleichzeitig an verschiedenen Orten entstehen. Da ist es dann kein Wunder, dass sich auch die Natur kopiert, dass sie nicht nur den Menschen mehrmals anpeilte, sondern auch Pflanzen und Tiere, die in der langen Geschichte der Evolution immer wieder auf ähnliche Art entstanden sind und zum großen Teil so auch heute noch fortbestehen.
Die Welt wäre ein unentwirrbares Chaos, in dem nichts verstanden werden könnte, wenn sich nicht die Dinge immer wieder in vielerlei gemeinsamen Mustern zusammenfinden würden. Ähnliches zeugt Ähnliches, auch ohne feststellbare Verbindungen. Trotz Evolution bleiben Tier- und Pflanzenarten über Millionen Jahre mit fast gleichem Erbgut erhalten. Die Natur bleibt sich im Wesentlichen treu.
Nicht nur darüber, wie solche Symmetrien, Felder, Resonanzen und Synchronizitäten zustande kommen, sondern auch darüber, ob sie überhaupt funktionieren, gehen die Meinungen weit auseinander, denn wer an ihr Wirken glaubt, geht davon aus, dass es Kontakte, Verbindungen, ja selbst gewisse »Mechanismen« jenseits der herkömmlichen Physik geben muss. Es geht um ein anderes, weiteres Verständnis der Kausalität. Geist wirkt auf die Materie. Dass es so ist, wissen wir; wie es funktioniert, wissen wir nicht. Von der Unerklärbarkeit auf das Nichtvorhandensein von etwas zu schließen, weil es sich mit positivistischen Methoden nicht nachvollziehen lässt, ist ein weit verbreiteter Irrtum.

Der Schweizer Psychiater und vielschichtige Denker Carl Gustav Jung (1875–1961) kritisiert in seiner Schrift

»Synchronizität als ein Prinzip akausaler Zusammenhänge« (1952) das physikalisch mechanistische Verständnis von Ursache und Wirkung. Man hält gemeinhin nur das für ursächlich, was zuverlässig eine bestimmte, vorauszusehende Folge hat. Wie schon erwähnt, ist dies bei physikalischen Gesetzen, die ja selbst auch immateriell sind, unbestritten. Sie funktionieren zuverlässig, man kann sich schließlich darauf verlassen, dass das Wasser nicht den Bach hinauf-, sondern hinunterfließt. Darin sieht niemand ein Problem, obwohl es eigentlich auch eines ist. Wer einen Stein ins Wasser wirft, kann sicher sein, dass er untergeht, niemand muss ihm zuvor erklären, dass das spezifische Gewicht des Steins höher ist als das des Wassers. Das spürt jedes Kind.

Doch wie kann ein individueller Geist auf die Materie wirken? Wie kommt es, dass sich Ähnliches auch an entfernten Orten wiederholt? C. G. Jung befasste sich mit der Frage, was es zu bedeuten hat, dass Menschen in unterschiedlichen Zeiten und Kulturen immer wieder vergleichbare Träume haben und dass sich deren Symbole wiederholen. Er schloss daraus, dass es das über das Individuum hinausgehende so genannte kollektive Unbewusste gibt, also eine allgemein menschliche Seelenverwandtschaft, die nicht auf individuell Gelerntem und Erfahrenem beruht, auch nicht aus körperlich Ererbtem, sondern auf mitunter menschheitsalten Vorstellungen. Sie äußert sich in »Archetypen«, also beispielsweise gemeinsamen Traumsymbolen oder »Erinnerungen« an eine nicht selbst durchlebte Zeit. Wie eine solche Seelenverwandtschaft jenseits aller biologischer Verwandtschaft zustande kommt, das konnte Jung nicht erklären. Er befasste sich auch mit dem Phänomen, dass immer wieder, oft gleichzeitig an verschiedenen Orten Ähnliches geschieht und gedacht wird, in einer Weise, die weit über die zufällige Übereinstimmung hinausgeht. Solche Phänomene der nicht kausalen Gleichzeitigkeit, das übereinstimmende Denken und Handeln ohne vorherige Kommunikation fasste C. G. Jung unter dem Begriff »Synchronizität« zusammen.

Dieses Wort nahm der britisch-kanadische Physiker F. David Peat auf und untersuchte das Phänomen auch jenseits der Psyche. Er beschrieb es in Anlehnung an C. G. Jung in seinem Buch »Synchronizität – Die verborgene Ordnung« (1987): »Wenn man sich in die Symbole der Bilder des kollektiven Unbewussten begibt, so ist es, als ob man einen Bereich betritt, der jenseits von Raum, Zeit und Materie liegt. Es ist, also ob man durch einen dunklen Gang in einer Felsbarriere in die Tiefe steigt und dort in einen unergründlichen Ozean eintaucht, in dem jeder menschliche Geist seinen Ursprung hat. In diesem geheimnisvollen Reich können wir die Rhythmen des gesamten Universums und die schöpferische Kraft finden, aus der Materie und Geist hervorgegangen sind; der Urquell der Synchronizität ist aufgedeckt« (132). Solche geradezu poetischen Äußerungen eines Physikers sind erstaunlich, sie lassen erkennen, dass man auch in den so genannten exakten Wissenschaften immer wieder versucht, die Brücke zum Geistigen zu betreten. Sie sind der Versuch, räumliche und zeitliche Barrieren, die in der traditionellen Physik unüberwindlich zu sein scheinen, mit Gedanken und Theorien zu überschreiten, die zum Erfahrungsgut der Menschheit seit Urzeiten gehören.

Geht man von solchen physikalisch derzeit weder erklärbaren noch experimentell eindeutig nachweisbaren Modellen aus, dann würde es verständlich werden, warum in der Natur immer wieder Angleichungsprozesse geschehen, dass Menschen und nicht nur sie, sondern alle Lebewesen in der Evolution immer wieder auf ähnliche Weise entstanden sind, dass selbst manche Formen im kristallinen, pflanzlichen und tierischen Bereich sich wiederholen, man denke an Schneekristalle, Seesterne und Blumen oder an die stachelige, abwehrende Außenhaut der Kastanienfrüchte, Igel und Seeigel, die sich jenseits genetischer Beziehungen einer gemeinsamen Strategie bedienen.

Im Gegensatz zum Physiker Peat geht der britische Biochemiker und Zellbiologe Rupert Sheldrake vom Wachstum und Verhalten der Lebewesen aus, er kommt in gewisser Hinsicht jedoch zu ähnlichen Ergebnissen. Er griff einmal einen schon etwas älteren Forschungsbericht auf. Ein gewisser McDougall hatte von 1920 bis 1935 anhand von langwierigen Versuchen mit Ratten beweisen wollen, dass Jean Baptiste Lamarck (1744–1829) mit seiner Theorie Recht hatte. Lamarck hatte nämlich behauptet, durch lange Gewöhnung erworbene Eigenschaften könnten sich vererben. Der Nichtgebrauch des ganzen Fußes mit der Folge der Hufbildung, die langen Hälse der Giraffen, deren Leibspeise auf Bäumen wächst, und was schon Darwin festgestellt hatte, die Hängeohren bei Haustieren, denen keine von Ferne hörbare Gefahr mehr droht. Nach der Lehrmeinung der Neo-Darwinisten, die in diesem Punkt Darwin nicht folgten, ist nur das erblich, was in den Genen gespeichert ist, erworbenes Verhalten kann aber die Gene nicht ändern. Alle seine anderen, zu Lebzeiten nicht mitgeteilten persönlichen Erfahrungen müssen, nach Meinung der Neo-Darwinisten, mit dem Tod eines Menschen untergehen. Natürlich gilt dies auch für Tiere.

McDougall hatte demgegenüber beweisen wollen, dass Ratten, die gelernt hatten, mit etwas Geschicklichkeit einen Weg aus einem Käfig zu finden, diese Fähigkeit vererben können. 32 Rattengenerationen hatte er über 15 Jahre mit der gleichen Aufgabe konfrontiert. Das Experiment gelang scheinbar. Trotz Schwankungen und Rückschlägen zeigte sich, dass die Fehlversuche der Ratten im Lauf der Generationen allmählich abnahmen, als ob sie aus den Fehlern ihrer Eltern und Vorfahren erblich etwas mitbekommen hätten. Die Nachkömmlinge hatten ja ihren Eltern und Vorfahren bei ihren Versuchen nicht zuschauen können. Nun ergaben sich aber bei McDougall eine Reihe störender Beobachtungen, die ihm überhaupt nicht ins Konzept passten. Er machte nämlich auch Kontrollversuche mit »fremden« Ratten, die keine Abkömmlinge der trainierten Ratten waren. Und diese bewiesen völlig unerwartet, dass auch sie etwas »gelernt« hatten. Geradezu resigniert notierte er: »Es ist durchaus möglich, dass die sinkende Zahl der Fehlversuche in den Jahren 1927 bis 1932 auf eine reale Veränderung in der Konstitution des gesamten Stammes zurückzuführen ist. (...) ich bin jedoch nicht in der Lage, eine Vermutung über die Natur dieser Verbesserung anzustellen« (zitiert nach Sheldrake: Das schöpferische Universum, 185).
F. A. E. Crew, ein Kritiker von McDougall wiederholte dessen Versuche und musste feststellen, dass seine Ratten von völlig anderer Herkunft von Anfang an so wenige Fehler machten wie die von McDougall am Ende seiner langen Versuchsreihe. Auch diese anderen Ratten mussten also gewissermaßen mitgelernt haben.
Während McDougall keine »Vermutung über die Natur dieser Verbesserungen« anstellen konnte, wagte Rupert Sheldrake ein halbes Jahrhundert später eine solche Ver-

mutung. Man kann seine Folgerung so zusammenfassen: Das Verhalten der Tiere ist nur zum Teil erblich, der größte Teil ihres Verhaltens wird durch »morphische Felder« bestimmt, die nicht über unmittelbare Kommunikation vermittelt werden, sondern durch geistige Übermittlung auch über zeitliche Abstände und große Entfernungen hinweg. Sheldrake geht sogar noch weiter: Solche Felder sind nach seiner These raum-, zeit- und materielos. Auch hier hat der von Sheldrake nicht erwähnte Schelling fast zweihundert Jahre zuvor schon den entscheidenden Gedanken geäußert: »Auf alle Handlungen der Tiere hat der allgemeine Zustand der Natur, und nicht nur der gegenwärtige, sondern auch der zukünftige, den bestimmtesten Einfluss, ja sichtbar offenbart sich in manchen derselben der All-Organismus, von dem alle Tiere selbst nur die einzelnen Organe und Glieder sind, und der über allen schwebt« (Würzburger Vorlesungen von 1804).

Dieses prophetische Wort, wonach die Tiere einem nicht in ihnen selbst zu suchenden All-Organismus unterstellt sind, erklärt vieles in der Natur. Auch wir Menschen wären dann einzeln und als Gesamtheit Teil dieses All-Organismus mit allen Konsequenzen für unser Verhältnis gegenüber der Natur. Ein von Schelling nicht genanntes, aber nahe liegendes Beispiel wäre die Staatenbildung bei Bienen und Ameisen. Die einzelne Ameise weiß nichts, ihr Verhalten ist nicht durch in ihr selbst gespeicherte Information bestimmt, sondern durch eine Art »All-Organismus« bzw. durch morphische Felder.

Sheldrake erweiterte diesen ihm zuvorkommenden Gedanken unabhängig von Schelling dahin, dass er vom »Gedächtnis der Natur« spricht, in dem alles auf eine physikalisch nicht nachweisbare Weise gespeichert ist.

Das einzelne Lebewesen hat in seinen Genen, so verstanden, nur das Grundprogramm für seine Entwicklung gespeichert, nicht aber sein »Gedächtnis«. Für McDougalls Ratten gilt demnach das, was Sheldrake in seinem Buch »Das Gedächtnis der Natur« so formuliert: »Gruppengewohnheiten entstehen nämlich durch morphische Resonanz der Gruppe mit ihrer eigenen Vergangenheit und mit anderen Gruppen ähnlicher Art« (307). Nicht nur die Umwelt, auch die vergangenen Generationen bestimmen unser Verhalten. Je stärker das Verhalten aus der Vergangenheit Pflanzen und Tiere geprägt hat, desto sicherer wirkt es in der Zukunft. Dies gilt nicht nur für die belebte, sondern auch für die unbelebte Welt. Im Grunde funktioniert dies, wie auch sonst alles in der Welt, nach dem gleichen Prinzip: das Verhalten wird von morphischen bzw., soweit es die Formerzeugung betrifft, von morphogenetischen Feldern bestimmt. Das Huhn ist nicht als Ganzes im Ei vorgebildet und gespeichert, dieses bietet nur die Voraussetzung dafür, dass es von den morphogenetischen Feldern in Richtung auf das Huhn beeinflusst werden kann. Sheldrake zeigt das an einem Beispiel. Von einem Insektenei wird ein großer Teil abgeschnürt, jedoch derart, dass es nicht abgetötet wird. Das Ergebnis: Es entwickelt sich aus dem restlichen Teil kein unvollständiges halbes Insekt, sondern ein kleineres ganzes. Es gibt also in der Natur kein Feld »halbes Insekt«, sondern nur ein ganzes kann entstehen. Eiweißmoleküle, die beim ungeteilten Ei vielleicht indirekt in den Flügel »gewandert« wären, werden jetzt im Unterleib verwendet. Nicht die Moleküle steuern die Entwicklung, sondern das morphogenetische Feld. Voraussetzung, für diesen »Mechanismus« sind allerdings die Gene.

Das Gedächtnis der Natur ist nicht in der Materie gespeichert. Dies ist Sheldrakes wichtigste These. Dies gilt dann allerdings auch für das menschliche Gedächtnis. Unser Gehirn stellt nur die Verbindung zu unserem Gedächtnis her. Es ist gewissermaßen die Hardware eines individuell programmierten Computers, der sich unter seinem Passwort individuelle Informationen von außen herbeiholt.

Falls diese Annahme richtig sein sollte, dann müsste sie sich auch im menschlichen Leben auf vielseitige Weise bewähren. Dann müsste beispielsweise eine Sportart, die häufig betrieben wird, im Lauf der Generationen (wie bei den findigen Ratten) zu immer besseren Leistungen führen, weil das nicht im Individuum gespeicherte über das Individuum hinausgehende Gedächtnis von den trainierenden Sportlern »angezapft« werden könnte. Auch Künste wie das Klavierspiel müssten zu besseren Leistungen führen, bei denen, die es intensiv betreiben. Vielleicht ist es so zu erklären, dass etwa im Tennisspiel immer höhere Standards erreicht werden und dass heute in Aufnahmeprüfungen für die Musikhochschule immer wieder Leistungen geboten werden, die früher kaum in Abschlussprüfungen erreicht wurden. Solange das »Feld« Tennis, Klavier oder einer sonstigen Fertigkeit sich weiterentwickelt, können in ihm auch höhere Leistungen erwartet werden. Dies gilt allerdings auch in umgekehrter Richtung, dann nämlich, wenn solche Fertigkeiten nicht mehr gepflegt werden, lässt auch die Fähigkeit nach, sie schnell und perfekt zu erlernen. Man könnte dabei an die Geschicklichkeit denken, eine Fremdsprache zu erlernen. Warum wird Latein immer schwerer und Englisch immer leichter?

Ordnung keimt empor

Aufbauende, erhaltende und abbauende Kräfte

»Verwirrung weicht und Ordnung keimt empor. Erstarrt entflieht der Höllengeister Schar in des Abgrunds Tiefen hinab zur ewigen Nacht.«

Aus dem Oratorium »Die Schöpfung« von Joseph Haydn

Die Höllengeister entfliehen zwar vorübergehend, bleiben aber wach, sie drängen ans Licht und warten auf ihre Wiederkehr.

So hat es Haydns Textdichter Gottfried van Swieten zwar nicht geschrieben, doch die Wirklichkeit sieht eben anders aus. Ständig züngeln Flammen aus der ewigen Nacht herauf, um die keimende Ordnung wieder zu verzehren. Was im Übrigen eine »höllische Bestie« ist, wusste selbst Haydn nur zu genau, belegte er doch seine eigene Frau mit diesem nicht gerade schmeichelhaften Ausdruck, wenn er über sie redete. Sie muss unmusikalisch gewesen sein und ein Drache, dazu noch ein frustrierter, denn der Joseph hatte immer eine neue Symphonie oder Sonate im Kopf und nie Zeit für den Abwasch. In seiner Musik ist davon nur einmal etwas zu hören. Ein von ihm komponierter Kanon hat diesen bezeichnenden Text: »Ein einzig' böses Weib gibt's höchstens auf der Welt. Nur schlimm, dass jeder sein's für dieses eine hält.«

Was wollen die Höllengeister und Teufel, was will die

Bosheit? Sie wollen alles gleichmachen. Sie gönnen keinem das Besondere. Sie kämpfen gegen den Geist der Erneuerung, gegen den Schöpfer. Sie ziehen alles hinunter in den Einheitsbrei. Sie missachten und vertilgen die Kräfte, die neue, bisher nicht erkannte Ordnungen emporkeimen lassen. So gesehen, führt auch der Hausdrache, der auf die strikte Einhaltung der alten Ordnung pocht, auf den Weg ins Chaos zu den Höllengeistern. Das klingt paradox: Ordnungsfanatiker als Chaoten? Der Kreislauf der Ordnung wird uns das zeigen.

Die Schöpfung, das spüren wir alle in unserem Leben, ist kein einmaliger Vorgang in ferner Geschichte gewesen, sondern sie ist ein dynamischer Prozess, der aus unserer Vergangenheit in die fernste Zukunft reicht. Er spielt sich ab zwischen Entstehen und Vergehen, zwischen Keimen, Wachsen, Reifen und Absterben. Die Schöpfung ist ein ewiges Rad, das sich nicht auf der Stelle dreht, sondern, und darauf kommt es an, das sich im Drehen fortbewegt. Wohin, das wissen wir nicht. Nur eines ist sicher: Wir müssen davon ausgehen, dass alles, was entsteht, eines Tages auch wieder untergehen muss, um einem Neuen Platz zu machen. Das ist ein ewiges Gesetz. Shiva, der Zerstörer, das negative Prinzip der indischen Mythologie, ist keine geistige Konstruktion, seine Erscheinung beruht auf menschheitsalter Erfahrung. Wenn unsere Sonne erkaltet, dann leuchten andere auf. Wir kennen weder Anfang noch Ende des Universums, in dem der viel verkündete Urknall vielleicht auch nur eine unbedeutende Zwischenstation in einem noch größeren All war, in einem Multiversum. Vielleicht gibt es einen Zustand im All ohne Zeit. Nur dort bleibt alles unverändert.

Kehren wir auf die Erde zurück zu ihrem fortbestehenden, der Zeit unterworfenen Schöpfungsprozess. Könnten wir unsere scheinbar langsam ablaufende Zeit verlassen und ihr Schicksal in einem extrem tüchtigen Zeitraffer beobachten, dann würden wir erkennen, wie die Erde brodelt, wie sich die Kontinente verschieben, wie sich Täler neu bilden und eingeebnet werden, wie sich Gebirge aufbäumen und wieder absacken, wie Meere sich da ausbreiten und dort versiegen. Wir beobachten, wie Tierarten entstehen und wieder aussterben, wie das Klima sich ändert, wie Meteoriten Klimakatastrophen verursachen und wie die leer gewordenen Länder sich mit neuen Wesen füllen. Wir Menschen sind nur ein winziger Faktor in diesem Geschehen. Zeit hat ihre eigene Dynamik.

Das sich drehende Rad der Schöpfung zeigt uns drei Wirkungskräfte:

1. die aufbauende, schöpferische Kraft,
2. die erhaltende Kraft,
3. die abbauende, einebnende Kraft.

1. **Die aufbauende, schöpferische Kraft** umfasst alles, was in der Natur und im Leben etwas Neues hervorbringt. Soweit das materiell zu verstehen ist, wird hier Energie verbraucht, z.B. Sonnenlicht durch die wachsende Pflanze. Es gibt aber auch »geistige Energie«. Sie bringt das Neue, das Andere hervor, es ist die eigentlich schöpferische Kraft. Woher sie letzten Endes stammt, lässt sich wissenschaftlich nicht feststellen. Wir können nur versuchen, wenigstens so viel Demut aufzubringen, dass wir sie nicht für das Konstrukt einiger Genies halten. Der Physiker David Bohm spricht von »generativer Ordnung« und Rupert Sheldrake formulierte einmal, es müsse als Erstes durch einen »schöpferischen Sprung«

ein neues Muster entstehen. Das Wort Sprung ist treffend, denn manchmal schleicht das wirklich Neue nicht langsam daher, es erscheint plötzlich unerwartet. (Die Inder würden diese Kraft Brahma zuordnen.)

2. **Die erhaltende Kraft** sorgt dafür, dass sich das Rad überhaupt dreht, dass die Zeit nicht stehen bleibt, dass die Welt nicht plötzlich aufhört. Darüber machen wir uns normalerweise keine Gedanken, weil es uns als selbstverständlich erscheint. Wenn wir jedoch tiefer in den Geist der Schöpfung eindringen, dann könnten wir gerade in diesem Voranschreiten der Zeit das größte Wunder erblicken. (Es ist das, was die Inder in Vishnu, dem Erhalter, zu erkennen meinen.)

3. **Die abbauende, einebnende Kraft**, die Entropie, die hier nicht nur physikalisch im Sinne der Thermodynamik verstanden wird, sondern darüber hinaus als allgemeines Prinzip. Sie setzt Energie frei, verwandelt im Brennen das fein strukturierte Holz in gleichförmiges Kohlendioxid, Wasser und Asche. Sie zersetzt die Dinge in ihre Bestandteile. Sie zehrt von der Ordnung, um sie zu vernichten, d. h. in ihre unterschiedslosen Bestandteile aufzulösen. So gesehen ist auch das Vermodern einer Pflanze und die Bildung von Humus ein entropischer Vorgang. Das Verschwinden von Dialekten, Sprachen, Völkern, das Aussterben von Arten in der Natur, der Verlust kultureller Traditionen zu Gunsten von weltweit einheitlichen Normen und Idealen und schließlich selbst das Erkalten der Sonnen seien als weitere Beispiele genannt. Die Auflösung materieller und geistiger Strukturen kann eine Folge menschlichen Eingreifens sein, z. B. durch systematische Unterdrückung einer Regionalsprache oder ein-

heitliche Fernsehprogramme, sie kann aber auch indirekt durch allmähliches Erlöschen geistiger Kräfte verursacht sein. (Dieses Prinzip ordnen die Inder Shiva zu.)
Wer dieses Prinzip der Schöpfung kennt und beachtet, der wird manche Entwicklung mit anderen Empfindungen und Schlüssen beurteilen, als dies üblicherweise geschieht.

Der Kreislauf der Ordnung

Wie ordnende Kräfte immer wieder ins Chaos führen

»Es soll sich regen, schaffend handeln,
Erst sich gestalten, dann verwandeln;
Nur scheinbar stehts Momente still.
Das Ewige regt sich fort in allen:
Denn alles muss in Nichts zerfallen,
Wenn es im Sein beharren will.«

Goethe

Wo alles geregelt ist, kann Ordnung nicht mehr wachsen, und wo sie nicht wächst, stirbt sie ab und öffnet sich dem Chaos, das hinter allem auf seine Rückkehr wartet.

In seinem Gedicht »Eins und Alles« besingt Goethe das »Geschaffne«, das in Bewegung bleiben muss, »damit sichs nicht zum Starren waffne«. Alle Schöpfung bleibt ständig in Bewegung, auf wen wir sie auch zurückführen, selbst wenn wir ihre Ursache wie Goethe in diesem Gedicht der »Weltseele« zuschreiben. Diese Bewegung lässt sich, wie schon in meinem Buch »Mit Hegel auf der Datenautobahn« (1996) in Form eines Kreislaufs darstellen.

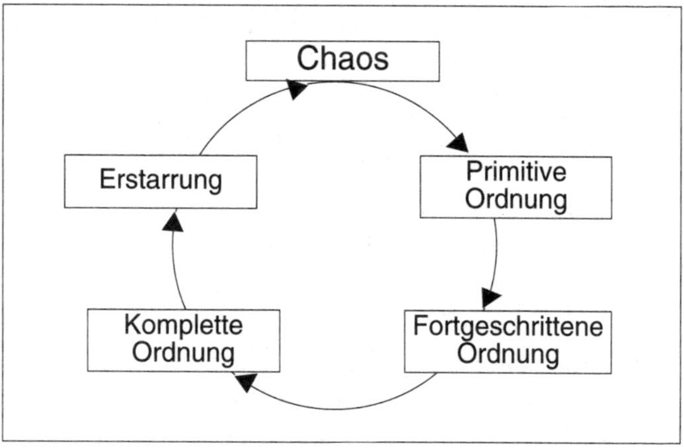

Alles völlig Neue entstammt dem Chaos und trägt es in seinem Anfang noch mit sich herum wie eine Eierschale. Das Neue ist das, worüber außer dem jeweiligen Schöpfer zunächst niemand Bescheid weiß. Ein neues System, das von Anfang an reibungslos funktioniert, kann nicht neu sein. Das biblische Wort: »Die Erde war wüst und leer« ist fast noch zu harmlos. Das hebräische Wort dafür ist »Tohuwabohu«, es ist auch bei uns ein Synonym für wirres Durcheinander. Ganz allgemein ist Chaos jedoch kein negativer Begriff, es bezeichnet in einem Wort den Ur- und Endzustand jeder dynamischen Ordnung. Im Wasserdampf wirbeln die Moleküle frei durcheinander, sie bilden keine Form. Bei Abkühlung verlangsamt sich diese Bewegung und bei Temperaturen unter hundert Grad Celsius ist Wasser flüssig, bei geringerer Bewegungsfreiheit der Moleküle. Bei weiterer Abkühlung auf Temperaturen unter null Grad bildet sich Eis. Chaos ist heiß, Ordnung ist kalt; hinzukommende generative Energie schafft zunächst die Voraussetzung für das Wiederentstehen der neuen Ordnung.

Der Keimling, der sich aus dem Humus herausdrängt, verkörpert noch nicht den Reichtum der reifen Pflanze, auch wenn er in ihm schon angelegt ist. Wenn die Pflanze ihre größte Ordnung erreicht hat, endet ihr Wachstum. In diesem Zustand kann beispielsweise ein Baum jahrelang verharren, bis er eines Tages daran zugrunde geht, dass seine erstarrte Ordnung den Unbilden der Natur nicht mehr standhalten kann. Dies leitet sein Ende ein. Eine junge Fichte biegt sich in den Stürmen und wehrt den Borkenkäfer ab. Eine alte Fichte fällt im Sturm oder sie wird leicht zum Opfer von Schädlingen wie dem Borkenkäfer. Der vollkommenen, erstarrten Ordnung fehlt die Dynamik, die der noch unvollkommenen erlaubt, auf veränderte Umweltbedingungen zu reagieren. Der abgestorbene Baum verwandelt sich in gleichförmigen Humus und schafft so die Grundlage für neues Wachstum.
Das Gesetz vom Kreislauf der Ordnung gilt nicht nur in der Chemie oder in der Natur. Wir sehen es auch in Politik, Wirtschaft und Gesellschaft. Staaten, in denen die »Ordnung« so extrem betont wird, wie z. B. in der Sowjetunion, wobei nicht gesagt sein soll, dass es je eine wirkliche Ordnung war, nehmen ihren Menschen und gesellschaftlichen Gliederungen nicht nur die Möglichkeit, kreative Impulse zu verwirklichen, sondern auch die Fähigkeit, auf schwankende Zustände dezentral schnell zu reagieren. Wenn der »richtige« Zeitpunkt für die Kartoffelernte zentral festgelegt wird und es bei Strafe verboten ist, ihm zuvorzukommen, dann ist es kein Wunder, wenn – wie geschehen – in manchen Provinzen bei frühem Wintereinbruch die ganze Ernte durch Frost vernichtet wird. Ein solches System muss früher oder später zusammenbrechen und im Chaos enden.
Dies gilt auch für Wirtschaftsunternehmen. Sie entstehen

unter dem Einfluss einer starken schöpferischen Kraft, wie sie von einem aktiven Firmengründer ausgeht. Dort mag es im Anfang noch chaotisch zugehen, denn die eigentliche Ordnung ist noch im Aufbau. Manche dieser Unternehmen wachsen zwei Generationen lang in ihrer Ordnung. Doch dann nimmt die Gefahr zu, dass sie an ihren hierarchischen Strukturen und unbeugsamen Traditionen so kleben, dass sie auf sich ändernde Produktions- und Marktbedingungen nicht schnell genug reagieren können. Jeder, der etwas für andere bindend regelt, muss wissen: Ab einer gewissen Regelungsdichte wird das Netz der Normen so kompliziert und undurchschaubar, dass es sich vom Chaos immer weniger unterscheidet. Was als Ordnungsfaktor gedacht ist, bewirkt das Gegenteil. Eine hundertprozentige Ordnung, in der jedes Detail geregelt ist und seinen verbindlichen Platz hat, wird undurchschaubar und nähert sich von innen einem Chaos. Ordnung kann nur von denen aufrechterhalten werden, die selbst Ordnung schaffen, nicht von denen, die sie gehorsam perfektionieren wollen.
Solche Zustände entstehen oft durch übertriebenen Zentralismus. Der bringt es mit sich, dass man Stimmen und Stimmungen aus den untergeordneten, dezentralen Außenstellen nicht wahrnimmt oder nicht ernst nimmt. Wer gewohnt ist zu herrschen, verlernt es, auf andere zu hören. Das ist ein altes Lied.
Global agierende Wirtschaftsunternehmen, die von der Zentrale aus noch vorschreiben, in welcher Sprache sich die Mitarbeiter unterhalten sollen oder dürfen, aktuelle Beispiele dafür gibt es derzeit genügend, steuern zielgenau auf die Erstarrung ihrer Organisation hin, wobei die ständig zentral angeordneten Organisationsänderungen diesen Prozess nicht aufhalten, sondern sogar noch be-

schleunigen, weil sie soziale Bedürfnisse ihrer Mitarbeiter ignorieren. Mitarbeiter, die ständig Angst um ihren Job haben müssen, sei es, weil ihnen Kündigung oder Versetzung in eine entfernte Stadt droht, halten mit Kritik zurück und lassen ihre Kreativität verkümmern, weil sie nicht unangenehm auffallen wollen, falls ihre Meinung sich nicht mit der der Zentrale deckt.

Der ideale Nachfolger des großen Boss ist nicht dessen treu ergebener Vasall, der alles so macht, wie es der Chef gerne sieht, sondern der Rebell, der ihn entthront. Nur durch ihn kann Neues heranwachsen, falls seine Kreativität mehr enthält als das Rezept, wie man den Fürsten beseitigt. Firmen, die dies nicht beachten, steuern ihrem Ende entgegen. Keime wachsen vom Boden aus, nicht an der Krone des Baums. Die international tätige Unternehmensberatungsgesellschaft Gallup ermittelte den Grad der Engagiertheit von Mitarbeitern in mehreren Ländern. Dabei stellte sich der Trend heraus, dass der Anteil der innerlich mit ihrer Arbeit verbundenen und so motivierten Mitarbeiter immer mehr zurückgeht. Eine überwiegende Mehrheit hatte bekundet, nur »Dienst nach Vorschrift« zu leisten. Als Grund dafür wird schlechtes Management gesehen. Man kann solche in Statistiken gefassten Aussagen skeptisch beurteilen, weil sie nur Mittelwerte ermöglichen und nicht unterscheiden zwischen kleinen und großen Unternehmen, zumal solche Beratergesellschaften oft in größeren Unternehmen tätig sind. Immerhin lässt eine Aussage dieses Instituts aufhorchen: »Der Dialog zwischen Unternehmensführung und Mitarbeiter ist in Deutschland schlechter als etwa in den USA.« Dementsprechend sind auch die Ergebnisse in Bezug auf das innere Engagement in Deutschland schlechter (dpa-Meldung, Januar 2004).

Die Ideologie, dass höhere Löhne den Arbeitseinsatz steigern, ist schon seit vielen Jahren widerlegt, wird jedoch teilweise nicht zur Kenntnis genommen. Einer Erforschung wert wäre auch die Frage, wie sich das Verhältnis eines Unternehmens zu seinen Kunden verändert, wenn dieses nur noch über eine irgendwo versteckte Telefonauskunft (Call-Center) erreichbar ist. Dort sitzen dann Mitarbeiter(innen), die im Grunde vom Unternehmen und seinen Produkten keine Ahnung haben, die diese Ahnungslosigkeit jedoch mit Hilfe einer künstlich antrainierten Höflichkeit insoweit verschleiern können, als die Frage des Kunden in das ihr vorliegende Computerprogramm passt. Darüber hinausgehende Fragen werden nicht verstanden und daher auch nicht zur Kenntnis genommen. Das Unternehmen erfährt sie nicht und bildet sich daher ein, es komme auf sie nicht an. Unternehmen, die sich dem unmittelbaren Kontakt mit der Kundschaft aussetzen, auch wenn er teuerer ist, werden auf lange Sicht mehr Überlebenschancen haben. Die dahinter liegende Weisheit ist leicht zu formulieren: Es führt kein Weg am menschlichen Kontakt vorbei.
Bäume beziehen das Wasser von unten und das Licht von oben. Wollen sie sich auf das Licht beschränken, dann vertrocknen sie. Wenn immer mehr Unternehmensleitungen sich auf die Stimmung an der Börse und nicht auf die der Mitarbeiter und Kunden konzentrieren, rudern sie in Richtung Chaos. In der Wirtschaft sollte es nicht darum gehen, dass einzelne Bäume gepflegt und womöglich auf Staatskosten künstlich am Zusammenbrechen gehindert werden, sondern darum, dass der Wald als reichhaltiges Biotop gedeiht. Die Schöpfung ist ein besserer Lehrer als die jeweils neuesten ökonomischen Theorien.

»Und Ordnung keimt empor« – besser lässt sich das nicht sagen. Ordnung ist Leben und Leben währt nicht ewig. Wirtschaftliche Verjüngungskuren können manchmal den Alterungsprozess verlangsamen, nie jedoch aufhalten. Die Dynamik und damit das relative, nicht kalendermäßige Alter eines Unternehmens lassen sich abschätzen. Man muss nur die stets frohen Gesichter, die in der firmeninternen Mitarbeiterzeitung abgebildet sind, mit denen vergleichen, die die Mitarbeiter nach der Arbeit und beim Verhandeln mit Kollegen machen, um Bescheid zu wissen. Die langjährige Missachtung menschlicher Grundbedürfnisse, wozu nicht nur Kontakte unter Kollegen gehören, sondern auch die Möglichkeit, das Arbeitsfeld kreativ mitzugestalten, führt jedes Unternehmen nach einiger Zeit zum Zusammenbruch, es vertrocknet von innen heraus. Über solche Ursachen erfährt man meist wenig oder gar nichts. Doch der Mensch, den man hindert, sich an der kreativen Dynamik seines Unternehmens zu beteiligen, und sei es auf unterster Ebene, verliert das Interesse an ihm und trägt so, ohne es zu wollen, zu dessen allmählichem Untergang bei. Wo alles geregelt ist, kann Ordnung nicht mehr wachsen, und wo sie nicht wächst, stirbt sie ab.
Wie lange das derzeitige System der Weltwirtschaft und der weiteren Globalisierung noch Zeit hat bis zu seinem sicheren Ende, lässt sich so zwar nicht errechnen, sicher ist nur eines: Auch diese Ordnung ist dem Kreislauf unterworfen und wird eines Tages allmählich wieder in ihre Bestandteile zerfallen.
Hier ist auch das ständig malträtierte Wort Wirtschaftswachstum zu erwähnen. Wachstum ist immer gut, solange die vollständige Ordnung eines Systems noch nicht erreicht ist. Wenn aber durch das Wachstum keine neue

Ordnung mehr geschaffen werden kann, führt es zu Erstarrung und Chaos. Es gibt Zeiten und Länder, in denen durch Wirtschaftswachstum sich die Arbeitslosigkeit verringert hat oder beseitigt werden konnte. Inwieweit Theorien, die aufgrund solcher Beobachtungen entwickelt wurden, auch dann noch Gültigkeit haben, wenn alle Ordnungen zur Erstarrung neigen, müsste gründlichst überdacht werden. Wer am Wachstum orientiert ist, müsste zunächst erklären, welche Ordnung noch unvollkommen ist und wo das völlig Neue zu suchen wäre. Dazu bräuchte das Denken derer, die politisch reden, wo sie handeln sollten, zunächst einen schöpferischen Impuls, der ihnen einen großen Sprung in Richtung auf das Neue ermöglicht. Wo der ausbleibt, kann keine neue Ordnung entstehen und die Erstarrung schreitet fort, denn wo das geistige Wachstum fehlt, bleibt auch das wirtschaftliche Wachstum aus. Dann führt die Politik in den hektischen Stillstand. Er tritt immer dann ein, wenn die Ordnung in Wirklichkeit längst erstarrt ist, dies aber niemand wahrhaben will.

Und das Chaos? Es wird nicht ausbleiben. Es käme darauf an, Strategien zu entwickeln, wie man es erträglich gestalten kann. Vielleicht gäbe es auch einen schöpferischen Impuls, der darin bestände, den Rückgang in etwas positiv Neues zu verwandeln. Auch eine Rückzugsstrategie kann ein Feld für neue Ordnung bereiten, wenn man bereit ist, auf eventuell bestehende Elemente der bisherigen Ordnung zu verzichten. Sie kann den Ablauf jedoch allenfalls verzögern.

Es gibt noch einen weiteren Hinweis auf diesen Kreislauf. Die Evolution zeigt nur eine Entwicklung zu immer höheren Lebewesen, also zu Lebewesen mit komplizierteren Funktionen. Diesem Trend verdankt der Mensch sein Entstehen. Es besteht keine Aussicht, dass die Evolution aus Nachkommen des Menschen mit der Zeit wieder Nagetiere oder Spinnen macht oder ihn gar in Einzeller zurückverwandelt. Arten können aussterben, nicht jedoch niedrigere Nachkommen erzeugen, die entstehen neu auf unterer Ebene. Vielleicht wird die Erde eines fernen Tages von hochstehenden Lebewesen beherrscht, die sich aus Ameisen oder Nagetieren emporentwickelt haben. Warum das so ist, konnten die an der materiellen Betrachtungsweise orientierten Biologen noch nicht schlüssig erklären. Hierzu müsste man auch geistige Vorgänge in die Überlegungen mit einbeziehen. Der Kreislauf der Ordnung hat also nur eine Richtung, er folgt der Zeit und dem Leben. Man kann ihn nicht zurückdrehen. Er ist ein Schlüssel zum Verständnis der Schöpfung, denn dort, wo es keine Weiterentwicklung der Ordnung gibt, versiegt die schöpferische Kraft.

Leben ist wachsende Ordnung und diese führt zum Tode. Dieses Gesetz ist uns durch die Schöpfung vorgegeben. Sie zielt letzten Endes auf die Erschöpfung und die Erschaffung auf die Erschlaffung. Doch immer wieder gilt: Neues Leben keimt empor – aus dem Chaos, nicht aus dem alten Leben.

Das Ende der Schöpfung

Richard Wagners Vision vom Untergang der Macht

»Ich lieg' und besitz',
lasst mich schlafen.«

Der Riese Fafner im Besitz des »Rings«

»Mein Schlaf ist Träumen,
mein Träumen Sinnen,
mein Sinnen Walten des Wissens.«

Erda, Göttin

»Zu End' ewiges Wissen!
Der Welt melden Weise nichts mehr.
Hinab, zur Mutter, hinab.«

Die Nornen

Drei Zitate aus Richard Wagners »Ring des Nibelungen«

Ein Ende der Macht kommt im Chaos oder im Schlaf – sind das nicht Gegensätze?

Es müssen keine Gegensätze sein, denn Ermüdung, Erkalten, Schlaf, Tod, Erstarrung, alles führt zur irreparablen Welt, einer Welt, in der selbst weise und schöpferische Menschen nichts mehr ausrichten können und Geschaffenes allmählich wieder zerfällt. Die Schöpfung endet in Erschöpfung. Wird der Weltenschöpfer müde und resigniert er wie der Wagner'sche Wotan? Hat der ahnungslose, naive, von Göttern nichts wissende Mensch den richtenden Speer der Gottheit zerbrochen, wie Siegfried im Kampf mit Wotan im »Ring des Nibelungen«? Können Menschen die Macht des Schöpfers brechen? Solche Überlegungen entstehen immer wieder, wenn Menschen die Kraft, die Welt zu gestalten, an sich reißen wollen.

Nietzsche, der Verehrer und spätere Feind Wagners, trug ähnliche Gedanken mit sich herum. Was geschieht mit den Menschen, wenn die Götter den Geist aufgeben? Werden dann erst Menschen richtig stark und entwickelt sich der Übermensch? Noch ist das Thema nicht abgehakt angesichts der zunehmenden menschlichen Machtansprüche über die Schöpfung. Was aus dem Wahntraum vom Übermenschen geworden ist, konnten die Deutschen, die ihren Nietzsche missverstanden hatten, in den Jahren nach 1933 an sich beobachten. Der Traum vom überstarken, siegenden Helden endete in der Niederlage. Der auch in jener Zeit hochgerühmte Richard Wagner hatte es ihnen doch selbst verkündet: Siegfried, der starke Held, überlebt die Götterdämmerung nicht. Er und Brünnhilde hätten sich rechtzeitig von dem verfluchten Ring trennen müssen. Die Rheintöchter hatten ihn gewarnt. Nicht Wotan war sein Gott gewesen, sondern der Besitz des Rings und der abenteuerliche Kampf um ihn. Mit der Götterburg Walhall ging es rasch zu Ende.

Der Kampf um die Macht führt schließlich, wenn auch nach Zwischenerfolgen, in den Niedergang, selbst dann, wenn sich dieser Kampf dem Sieg des Guten verschreibt, schließlich hält sich jeder selbst für gut und den Feind für böse. In jedem Fall macht sich der Kämpfende zum Richter über Gut und Böse und erliegt damit der urmenschlichen Versuchung, der schon die Eva im Paradies anheim gefallen ist. Solche Erfahrungen und Warnungen sind uralt und werden doch immer wieder in den Wind geschlagen. »Der Welt melden Weise nichts mehr.« Dies ist ein deutliches Symptom des sich ankündigenden Niedergangs. Der kann schnell eintreten oder Jahrzehnte und Jahrhunderte andauern.

Als die vom Niedergang schon längst geschwächte Stadt Rom am 14. August 410 n. Chr. vom Westgotenkönig Alarich und seinen Mannen geplündert worden war, sinnierten die Römer lange über die geistige Ursache dieser Schmach. Aurelius Augustinus (354–430), der nicht aus Rom, sondern aus der hintersten Provinz, aus Nordafrika, stammende Denker und spätere Kirchenvater erhob seine Stimme: »Sieh da, was für Göttern die Römer den Schutz ihrer Stadt anvertraut haben! O welch kläglicher Irrtum!« Augustinus hatte eine einfache Erklärung: Es seien die alten heidnischen Götter, denen die Römer viel zu lange vertraut hätten, obwohl damals schon die Christen dominierten. »Wer besiegte Götter als Herren und Schützer verehrt, dem winkt kein Heil, ihm droht Unheil« (Der Gottesstaat, 1. Buch). Die Götter, die Rom den Aufstieg beschert hatten, sorgten nun auch für den Niedergang. So schließt sich der Kreis: Rom hatte zu lange darauf vertraut, Weltmacht zu sein.

Das Ende ermöglicht die Geburt des Neuen, doch es wächst nicht unmittelbar aus dem Alten. Dieses Neue kann an anderem Ort in völlig anderer Weise entstehen. Damals erstarkte das Oströmische Reich, nachdem Konstantin eine neue Hauptstadt in Kleinasien gegründet hatte: Konstantinopel, das heutige Istanbul, dessen Macht als Byzanz noch rund tausend Jahre währte.

Wenn wir über die Schöpfung nachdenken, dann können wir davon ausgehen, dass sich menschliche Gesellschaften in mancher Hinsicht wie Lebewesen entwickeln. Die

Ermüdung und Erschlaffung einer Gesellschaft ist ein geistiger Prozess, sie kommt aus dem Inneren. In Rom verfielen zunächst die Ideen; als Kaiser fungierten immer wieder geradezu läppische Gestalten ohne geistigen Hintergrund, auch wenn es rühmliche Ausnahmen gab. Dann verfiel die Macht des Reichs, die Geburtenrate ging drastisch zurück und schließlich ging auch noch das Geld aus. Zurück blieb ein Provinznest, trotz Papst. Historiker mögen sich über die Reihenfolge solcher Mangelerscheinungen unterhalten, sicher ist jedenfalls, dass die schöpferischen oder – mit dem anderen Wort gleichen Sinnes – kreativen Kräfte am Beginn des Niedergangs nachgelassen hatten. Es gab weder bedeutende Feldherren, Staatsmänner noch Dichter. Statt den Reden großer Rhetoriker, wie einst Cicero einer gewesen war, gab es nur noch substanzloses Palaver, ergebnisloses Hickhack, obwohl Rhetorik als Kunst immer noch betrieben wurde. Selbst Augustinus war vor seiner Bekehrung Rhetoriklehrer gewesen. Solcher Niedergang ist ein allgemeines Phänomen. Anders ist es nur, wenn eine »Naturkatastrophe« wie die Entdeckung Amerikas zur Zerstörung von Kulturen führt.

Liegen, Besitzen und Schlafen forderte der raffgierige Riese Fafner. Er hatte seinen Bruder erschlagen, fiel aber nach kurzem Kampf gegen Siegfried, weil ihn der im Kampf erlangte Besitz so müde, träg und einfallslos gemacht hatte wie die Römer in ihren luxuriösen Thermen. Fafners Gott war nicht etwas außer ihm, sondern das passive Vertrauen auf die Besitzstandswahrung. Wer die tatsächlichen Götter der westlichen Industrieländer ohne Vorurteile betrachtet, dem mag auffallen, wie sehr auch hier nicht geistige, aus dem Weltganzen hergeleitete Kräfte, sondern materielle Werte angebetet werden. Selbst

wer sich nicht zu dem überspitzten und daher erfolgreichen Werbeslogan »Geiz ist geil« einer Kette von Elektro-Supermärkten bekennt, kann bei sich vielleicht doch einige Züge des Riesen Fafner entdecken.
Der materielle Besitz wird von den Leitbildern der Gesellschaft, den tatsächlichen Göttern, täglich verherrlicht. Es herrscht der Hedonismus, die Philosophie der Lusterfüllung, ein Zeichen für das Ende der Kreativität. Ein sicherer Indikator für das Erschlaffen eines Volkes ist seine Kinderarmut. Das Geburtendefizit in Deutschland beträgt jährlich rund 80 000 bis 100 000, eine mittelgroße Stadt. Die Zahl der amtlich registrierten Abtreibungen (neben einer möglicherweise ebenso großen zusätzlichen Dunkelziffer) beträgt 130 000 bis 140 000. Von diesen Abtreibungen sind nur rund 2,7 Prozent medizinisch indiziert. An solchen Zahlen lässt sich die Kinderfeindlichkeit unserer Gesellschaft erkennen, die ja ein sicheres Anzeichen auch des kulturellen Niedergangs ist. Da dieser gewissermaßen lokal ist, bedroht er noch nicht die ganze Menschheit. Es könnte jedoch eines Tages, wenn die ganze Menschheit globalisiert ist, ein Zustand eintreten, in dem eine derartige Kinderfeindlichkeit die gesamte Menschheit dahinschwinden lässt, wenn die Pflege des gegenwärtigen Egos, des Schlafens und Besitzens, wie wir sie bei uns erleben, auf den Globus übergreift. Die Schöpfung wüsste einen sofortigen Ersatz für den Menschen. Es könnte beispielsweise eine Delphin-, Termiten- oder Rattenkultur auf hohem Niveau entstehen.
Was Menschen seit Urzeiten beschäftigt, ist der Gedanke an das Ende der Menschheit, das nicht erst dann eintreten wird, wenn auf der Erde die Natur wieder verschwindet. Das von den Menschen verursachte Artensterben könnte eines Tages bzw. eines Jahrhunderts auch den

Menschen selbst erfassen. Vielleicht dann, wenn die Übervölkerung der Welt in ihr Gegenteil umschlägt und schließlich ein Artenschutzprogramm für Menschen nichts mehr bewirkt.
Eine weltweite kosmische, chemische oder atomare Katastrophe, die das Menschengeschlecht insgesamt auf einen Schlag vernichtet, wie sie aufgrund von apokalyptischen Visionen immer wieder verkündet wurde und wird, ist denkbar, doch eher unwahrscheinlich. Einige Exemplare der Gattung Mensch würden sicher überleben und im Lauf von vielen Generationen den Globus neu besiedeln können, falls sie noch geeignete Lebensgrundlagen finden sollten. Das Ende könnte auch ohne einmalige Katastrophe auf ganz natürliche Weise vonstatten gehen: Die Überlastung der Erde durch menschlichen Konsum verursacht, wie schon angedeutet, einen weltweiten Geburtenrückgang, der auch dann nicht enden wird, wenn längst wieder genügend Platz vorhanden wäre. Wie sich Menschen vermehren, das ist nicht nur ein gesellschaftliches oder medizinisches, sondern vermutlich viel stärker, als uns das bis jetzt bewusst ist, ein psychisches Problem, das unbewusst übertragen wird und weltweite Kinderlosigkeit provoziert. Das muss aber längst nicht das Ende der Schöpfung bedeuten, schließlich ist der Mensch ja nur ihr Teil. Der Theologe Jörg Zink, sonst nicht gerade als Zyniker bekannt, nennt das mögliche Ende der Menschheit einen »Selbstbeseitigungs- oder Selbstentsorgungsvorgang« mit der Folge, dass die Natur dann »durchatmen kann, sich regenerieren, aufleben, zu ihrer ursprünglichen Vielfalt und Schönheit« (Urkraft des Heiligen, 370). So verstanden wäre das Ende der Menschheit in gleichem Maße ein Schöpfungsvorgang wie ihr Beginn.

Sieht man die Erde als Geisteswesen, das zu eigenem Willen fähig ist, vertreten durch Namen wie »Erda« bei Wagner oder einer Erdenmutter »Gaia«, vielleicht auch durch den Begriff »Natur«, dann wäre letztlich nicht der Mensch derjenige, der sich selbst beseitigt, sondern die Erde, die im Rahmen eines Hausputzes Ungeziefer und Schädlinge vertilgt. Religiös könnte man das als neue Sintflut mit anderen Mitteln ansehen, etwas, was wir ja schon einmal hatten, zumindest als Mythos. Will der Mensch dies verhindern, dann darf er es sich nicht mit Gaia, Erda oder einer sonstigen Kollegin dieser Göttinnen verderben, sofern er sich in dieser Angelegenheit nicht doch lieber gleich mit dem Schöpfergott ins Benehmen setzen will.

Die Schöpfungsverbesserer

Vom Biomenschen zum Genmenschen: Technik verändert das Gewordene

»Ach, da kommt der Meister!
Herr, die Not ist groß!
Die ich rief, die Geister
Werd ich nun nicht los«

J. W. Goethe: Der Zauberlehrling

»Der Klimawandel ist keine Prognose, er ist eine Realität, die Leid und wirtschaftliche Not verursacht – schon heute.«

Klaus Töpfer

Wir verjubeln das Erbe unserer Vorfahren und leider auch das unserer Nachkommen. Halb so schlimm!, denken da wohl manche, wenn die alte Schöpfung verbraucht ist, machen wir uns eine neue.
Die uns anvertraute Welt ist aus einem Milliarden Jahre währenden Härte- und Reifetest hervorgegangen. Was dem nicht standgehalten hat, ist untergegangen. Was wir vorfinden, muss ausgereift sein und in ein uns nicht bekanntes Gesamtkonzept passen. Die Techniken, wie man die Schöpfung »verbessern« kann, um sie menschlichen Wunschvorstellungen anzupassen, und die Möglichkeiten, global auf die Ergebnisse der Naturgeschichte einzuwirken, greifen um sich. Vermutlich stehen wir erst am Anfang einer Weltumgestaltung ohne Gesamtkonzept.

Erst langsam könnte uns dies bewusst werden: Eine durch und durch nach menschlicher Willkür zurechtgezimmerte Welt ließe uns erst erkennen, wie es in der Hölle aussehen muss.
Katastrophen hat es in der Erdgeschichte auch gegeben, doch der Mensch hat keine Millionen Jahre Zeit, um die Folgen seiner eigenen Irrtümer wieder auszubügeln, zumal dann nicht, wenn er sich durch die Ergebnisse seiner technischen Heldentaten selbst beseitigt haben sollte. Es gibt Abenteuer mit irreparablen Folgen. Der Mensch wäre dann in der Rolle des Zauberlehrlings, der die von ihm entfesselten Geister nicht mehr loswird und nach dem erlösenden Machtwort des Meisters ruft. Erst dann würde er wirklich die Sehnsucht nach einer Welt in der Spannung zwischen göttlichem Logos und Chaos verspüren. Die Schönheit der Welt lässt sich nur im anerkennenden Umgang mit ihrer scheinbaren Unvollkommenheit ermessen. Der rücksichtslose Umgang des Menschen mit der Schöpfung, und sei es nur, um sie zu verbessern, kann sich rächen oder anders gesagt: die Schöpfung wehrt sich.
Es gibt den Gebrauch, den Verbrauch und den Missbrauch der Schöpfung. Doch wo geht der eine in den anderen über? Die Menschen haben seit Urzeiten mit und an der Schöpfung gearbeitet. Wilde Natur wurde urbar gemacht, Wälder wurden gerodet, Sümpfe trockengelegt, Kanäle und Deiche gebaut. Pflanzen mit wenig Ertrag wurden durch Züchtung zu höherer Leistung gebracht, aus Gräsern wurde Getreide; es wurden Tiere als Haustiere gezüchtet, bei denen es auf bestimmte Leistungen ankam, die ihre Stammestiere in der freien Natur noch nicht hatten und nicht brauchten, andere Fähigkeiten konnten verkümmern. Das eierlegende Wolle-Milch-

Schwein gibt es allerdings noch nicht. Der Mensch musste die Schöpfung in Gebrauch nehmen und seinen Bedürfnissen anpassen. Wäre ihm das nicht gelungen, lebten wir heute alle noch als Jäger und Sammler. Allerdings wäre die Menschheit wohl auch zahlenmäßig auf dem damaligen Stand geblieben.

Wissenschaftliche und technische Fortschritte hatte man schon immer in der Landwirtschaft genutzt. Wo man einst mit der Hacke in der Hand arbeiten musste, ließ man Pferde und Ochsen den Pflug ziehen. Den Fortschritt allein schon dieser Entwicklung kann man heute kaum mehr ermessen. Später wurden Landmaschinen eingesetzt, die sich weiterentwickelten. Sie ermöglichten und verlangten immer größere Felder. Schädlinge, die einst ganze Ernten vernichten konnten, werden chemisch bekämpft. Die wachsende Weltbevölkerung und die Fortschritte der Technik und Wissenschaft leisteten ihren Beitrag und forderten ihren Tribut. Die weltweite Motorisierung, ein Zeichen für Fortschritt und Wohlstand, ergreift immer mehr Länder. Demnächst werden auch Milliarden in China und Indien motorisiert sein, mit allen Konsequenzen.

Wird der Punkt des Angekommenseins am weltmöglichen Maximum an Ausbeutung und Belastung eine Wende, einen Wandel bewirken oder steuern wir mit verbundenen Augen auf eine apokalyptische Katastrophe zu? Es gibt weltweit immer mehr Menschen, die sich anmaßen, die Schöpfung zu verbessern, anstatt sich ihr im Wesentlichen unterzuordnen. Über solche Themen wurde in den letzten Jahrzehnten unendlich viel geredet und geschrieben. Dies alles kann hier nicht noch einmal dargestellt werden. Unsere Betrachtung konzentriert sich auf geistige Hintergründe in dem menschlichen Bestreben, die Schöpfung uns anzupassen. Hierbei beschränken wir uns skizzenhaft auf vier Themen. Es ist dies die großflächige Verwendung von genmanipulierten Pflanzen für die Ernährung (1), die Forschung mit menschlichen Stammzellen (2), das Klonen von Tieren oder Menschen (3) und der exzessive Energieverbrauch (4). Diese vier Themen sorgen für Diskussionen und Aktionen weltweit, weil sie Entwicklungen einleiten, die unumkehrbar sind. Kritiker sehen in ihnen einen Eingriff und Missbrauch der Schöpfung und der durch die Evolution bestätigten natürlichen Ordnung.

1. Technische **Eingriffe in die Erbfaktoren** eines Lebewesens, z. B. für das Saatgut einer Pflanze, sind möglich, obwohl die Forschung noch relativ jung ist und noch längst nicht ausgereift. Getreide beispielsweise kann man genetisch so verändern, dass es gegen Pflanzenvernichtungsmittel unempfindlich ist. Man kann also Felder ohne jede Art von Unkraut erhalten, wenn diese zuvor mit Herbiziden bearbeitet wurden. Nur die genetisch veränderte und selbstverständlich patentierte Kulturpflanze kann dann dort noch gedeihen, wenn zugleich der ebenfalls patentierte Dünger des Unternehmens, das auch die Herbizide herstellt, verwendet wird. Solche Felder sind dann, mehr als bisher schon, nicht nur frei von »Un«-Kräutern, sondern auch von Hasen, Vögeln, Schmetterlingen, Käfern und dergleichen. Man kann auch die Resistenz gegen Schädlinge oder den Ertrag einer Pflanze auf diese Weise verändern. Obwohl solche Natur zerstörende, jedoch den Ertrag vermehrende Fortschritte der Landwirtschaft willkommen sein könnten, mehren sich zumindest in Westeuropa Zweifel und Ängste. Die Vielfalt der ursprünglichen Natur, die sich nicht nach dem

Menschen und seinen Bedürfnissen richtet, wird erheblich reduziert. Die »transgenen« Pflanzen lassen sich auf den Feldern nicht wirksam gegen die aus natürlichem Saatgut gewachsenen abtrennen. Durch Pollenflug kann ihr Erbgut auch auf andere Pflanzen übergreifen, wie es tatsächlich auch gegen den Willen der Bauern geschieht, die solche Landwirtschaft grundsätzlich ablehnen. Gegen Lebensmittel, die genetisch veränderte Zutaten enthalten, sowie gegen Fleisch von Schlachttieren, die mit Genfutter ernährt wurden, regt sich Widerstand aus der Bevölkerung, während andererseits staatliche Normen sich nach und nach den Forderungen der Wirtschaft anpassen. Der Nachweis, dass solche Lebensmittel die allgemeine Immunabwehr schwächen oder dass sie krank machen, z. B. Allergien hervorrufen etc., ist nicht so leicht zu führen, obwohl es dafür Hinweise gibt. Die für die menschliche Gesundheit erforderlichen Vitalstoffe einer natürlichen Pflanze und ihre Kombination miteinander lassen sich nicht durch genetische Industrieprodukte ersetzen. Es gibt auch ein Gespür für die Natur, die unter solchen Eingriffen leidet. Es ist ein Bewusstsein im Wachsen, dass Ernährung wesentlich mehr ist als möglichst wohlschmeckende Kalorienzufuhr, obwohl das übliche Bombardement mit Werbung gerade dies suggeriert nach dem simplen Billigrezept: Yoghurt ist gesund, also ist auch Schokolade mit Yoghurt gesund. Es gibt tatsächlich Kinder und leider auch viele Erwachsene, die so etwas glauben. Viele Lebensmittelhersteller und manche Handelsketten haben erst auf massives Einwirken durch Greenpeace erklärt, auf die Verwendung genmanipulierter Pflanzen in ihren Produkten verzichten zu wollen. Weltweit ist damit das Problem keineswegs gelöst.

Vom Genmais zum Genmenschen oder transgenen Menschen ist nur ein Schritt. Geistig ist er schon vollzogen, materiell steckt er im Planungsstadium. Wohin könnte er führen? Der menschliche Forscherdrang lässt sich kaum in vernünftige Kanäle leiten. Schon so oft ist er ausgewildert und so steht zu befürchten, dass auch die Genforschung nicht vor Tabus abzubremsen sein wird. Eines der Tabus wäre dann der Versuch, nicht nur Pflanzen und Tiere genetisch zu verändern, sondern auch neue Menschentypen zu züchten. Im Grunde ist ja der Mensch schon das Ergebnis einer durch mehr oder weniger kulturelle Werte hervorgebrachten Züchtung. Nietzsches Zarathustra verglich die Züchtung der Haustiere mit der Züchtung des Menschen. »Damit machten sie den Wolf zum Hunde und den Menschen selber zu des Menschen Haustier« (Zarathustra, III. Teil, »Von der verkleinernden Tugend«). Diese Entwicklung dauerte viele tausend Jahre, von den Jägern, die Schakale und vielleicht auch Wölfe mit auf die Jagd nahmen, bis zum heutigen Schoßhündchen.

Der Traum, den Menschen dauerhaft zu verbessern, d. h. zu einem an die menschliche Gesellschaft unanstößig angepassten Menschen zu züchten, hatte schon Platon geäußert. Peter Sloterdijk, der im Juli 1999 einen Vortrag mit dem Titel »Regeln für den Menschenpark« hielt, kam in den wohl nicht begründeten Verdacht, er propagiere eine derartige Züchtung mit den Mitteln moderner Genetik. Er hatte gesagt: »Es genügt, sich klar zu machen, dass die nächsten langen Zeitspannen für die Menschheit Perioden der gattungspolitischen Entscheidungen sein werden. In ihnen wird sich zeigen, ob es der Menschheit oder ihren kulturellen Hauptfraktionen gelingt, zumindest wirkungsvolle Verfahren der Selbstzähmung auf den Weg zu bringen.« Außerdem stellte er die Frage, ob es eine Umstellung vom »Geburtenfatalismus« hin zu einer »optionalen Geburt und pränatalen Selektion« geben wird. Wer darin eine Behauptung oder gar Forderung sieht, verkennt solche Sätze, zumal Sloterdijk persönliche Stellungnahmen und Bekenntnisse so weit wie möglich vermeidet. Darin unterscheidet er sich grundsätzlich von Nietzsche, der in jedem Satz seine Seele offenbarte.

Mit solchen Erwägungen zur Menschenzüchtung werden die aktuellen Probleme kaum angedeutet. Noch geht es längst nicht darum, charakterliche oder sogar seelische Defekte wie hemmungslose Aggression oder Neigung zur Faulheit zu korrigieren, sie werden sich selbst durch pränatale Untersuchung und gegebenenfalls Selektion nicht vermeiden lassen, sondern es geht darum, medizinisch einwandfrei erkennbare Defekte genetisch einzudämmen oder gar auszuschließen. Schon dies mag gefährliche Folgen haben.

Manche erhoffen sich dann wohl den schädlingsresistenten Genmenschen mit Crash-Test-erprobter Knautschzone als Nachfolger für unser bisheriges, störungsanfälliges Oldtimer-Menschsein. Um Arbeiten zu verrichten, für die Roboter zu schade wären, könnte man Billigmenschen ohne Gehirn züchten, die zu allem fähig sind außer zu denken und zu streiken. Schließlich würde man als Gegenreaktion nicht nur vom Biogemüse und Biohähnchen, sondern auch vom Biomenschen aus artgerechter Zucht als Alternative zu genetisch veränderten Mustermenschen sprechen müssen. Selbst schon die genetische Neuzüchtung von Tieren kann zu Verhältnissen führen, die die Menschheit nicht mehr in den Griff bekommt. So wie es in der Datenwelt destruktive Hacker und Viren-Piraten gibt, von der mehr oder weniger anonymen Kriminalität mit Porno-Darstellungen und rassistischen Hetzkampagnen abgesehen, könnten eines Tages kriminelle Genetiker, ohne gen-ethische Verantwortung irgendwelche Killerratten oder aggressive Kampfinsekten auf die Menschheit loslassen. Rezepte, wie man solche biotechnischen Entgleisungen verhindern könnte, gibt es nicht.

2. Die Frage, ob und inwieweit man **Versuche an menschlichen Embryonen** durchführen soll, die Voraussetzung zu genetischen Veränderungen am Menschen sind, bewegt die Gemüter immer noch. Soweit man hofft, sonst unheilbare Krankheiten heilen zu können und die Forschung auf dieses Gebiet wirksam beschränkt werden könnte, ist es nicht leicht, gegen sie zu argumentieren. Wie man den Dienst an der Gesundheit von solchen Horrorszenarien mit künstlichen Übermenschen trennen kann, ist ein noch ungeklärtes Rätsel. Bejaht man die beschränkte Forschung an menschlichen Genen, dann allerdings muss man auch akzeptieren, dass menschliche Stammzellen dazu verwendet werden. Doch die deutsche Einschränkung, dass nur importierte Stammzellen verwendet werden dürfen, ist eine durch nichts zu überbietende Heuchelei. Hält man die Verwendung von Stammzellen für die medizinische Forschung für ethisch gerechtfertigt, dann ist es absurd, sich auf Import-Material zu beschränken. Wenn nicht, dann müsste man konsequenterweise auch den Import verbieten.

3. Nur beim **Klonen** besteht rechtliche Klarheit. Durch das Embryonenschutzgesetz von 1990 ist das Klonen von Menschen, also die künstliche Herstellung eines zeitversetzten eineiigen »Zwillings« aus einer (unbefruchteten) menschlichen Zelle verboten. In der Tat wäre hier-

durch ganz eindeutig ein ethisches Tabu verletzt. Selbst wenn es eines Tages möglich wäre, aus einem Haar Einsteins oder Frankensteins ein totales Double herzustellen, wäre dies ein Eingriff in die Schöpfung, ja in das Weltgeschehen. Das gibt natürlich Anlass zu fantastischen Spekulationen. Angenommen, man fände auf den Blut- und Schweißspuren am »Turiner Grabtuch« (es könnte ja immerhin echt sein) noch einen verwendbaren genetischen Code von Jesus und dieser werde geklont, wie würde sich dann der kleine Zwillingsbruder verhalten, erginge es ihm ähnlich wie seinem großen Bruder vor zweitausend Jahren? Dazu gibt es nur eine Antwort. Den rekonstruierten Jesus, Goethe oder Einstein und andere Produkte einer gezielten Leichenfledderei können wir uns ersparen, obwohl wir nicht sicher sein können, dass sie eines Tages nicht doch versucht werden. Vermutlich blieben die menschlichen Raubkopien nur ein farbloser Abklatsch ihrer Zwillingsvorfahren, denn die materielle Gehirnstruktur, mag sie auch genetisch identisch sein, sorgt noch längst nicht für die Inspiration, von denen die Genies lebten. Und die lässt sich niemals klonen. Der Mensch ist ein Geistgefäß und die Suppenschüssel ist noch nicht die Suppe.

4. **Der exzessive Energieverbrauch durch die Industrieländer** ist ein Problem, das den Menschen mehr und mehr aus dem Ruder läuft. Der Klimawandel mit weltweiter Erwärmung und zunehmenden Extrem-Wetterlagen bahnte sich schon seit vielen Jahren an, ohne dass man ihn de facto besonders ernst genommen hätte. Wenn wir Raubbau an fossilen Brennstoffen treiben, wenn wir in wenigen Jahren das verbrennen, was die Sonnenenergie in Jahrmillionen aufgebaut hat, dann bräuchten wir

eigentlich keine wissenschaftlichen Gutachten, um zu bemerken, dass dies unheilbare negative Folgen haben muss. Die Alternative wäre theoretisch der weitere Ausbau der Kernenergie, doch auch diese birgt, wie alle wissen, unkalkulierbare Risiken für die Gegenwart und noch mehr für die Zukunft der Menschheit. Die weitere Alternative bestünde darin, den Energieverbrauch zu drosseln. Das weiß man längst, doch der Wille, diesen mit Mitteln der Politik wirksam zu realisieren, lässt auf sich warten. Er ist mehr als unbequem. Selbst die konsequente Durchsetzung des Protokolls von Kyoto brächte nur einen Tropfen auf den heißen Stein.

Die fossilen Energiereserven sind durch das Sonnenlicht auf die später untergegangenen Wälder entstanden. Diese Energie könnte auch künftig in großem Ausmaß genutzt werden. Hier gäbe es beispielsweise in den arabischen Ländern einiges zu tun. Wenn allein die Vereinigten Staaten einen Teil ihrer Rüstungsausgaben für die Entwicklung und den Bau von umfangreichen Solaranlagen in diesen Ländern einsetzen würden, sähe die Zukunft anders aus. Was geschieht einstweilen? Die Industrieländer sind am Export von Autos in Entwicklungsländer interessiert, nicht daran, denen zu helfen, einen Beitrag zu den globalen Energieproblemen zu leisten.

Diese vier Beispiele, anhand derer wir versuchen können, die Grenzen menschlichen Umgangs mit der Schöpfung zu finden, könnten vermehrt werden. Neue Anlässe, darüber nachzudenken, wird die Zukunft bringen. Unser Augenmerk wird auf folgende Fragen gerichtet sein müssen:

- Werden unwiderrufliche Prozesse in Gang gesetzt, die einen dauerhaften Eingriff in die Schöpfung darstellen?

- Werden Entwicklungen gefördert, die wir möglicherweise eines Tages nicht mehr im Griff haben werden?
- Verstößt die Maßnahme gegen die Menschenwürde?
- Und schließlich, obwohl schwer zu deuten: Liegt eine Missachtung der Weisheit der Schöpfung vor?

Und gerade dieser letzte Punkt müsste eigentlich der alles Entscheidende sein. Es gehört Weisheit dazu, Weisheit zu erkennen. Es gibt Dinge, die uns gegen den Strich gehen oder gehen müssten, ohne dass wir gleich sagen können, warum und inwiefern, wie z. B. die Ernährung mit genetisch denaturierten Pflanzen. Wer die Schöpfung liebt, wer sie nicht missachtet, der erspart ihr Eingriffe, die sie im Wesen verletzen müssen, auch wenn er nicht belegen kann, welche Folgen sie einmal haben werden.

Warum wir die Schöpfung bewahren sollen

Argumente für den Verzicht auf mögliche Eingriffe in die Schöpfung

»Es liegt Weisheit in der Stabilität der natürlichen Prozesse, unbeeinflusst von Eingriffen der Menschen.«

Bill Devall

Wie ist es zu erklären, dass die Furcht, wir Menschen könnten die Schöpfung schädigen, erst in unserer Zeit so um sich greift? Was hat sich da geändert, der Mensch oder die Welt? Sind wir Menschen dem Schöpfer näher gerückt? Davon können wir nicht ausgehen, vermutlich haben wir uns von ihm entfernt oder er sich von uns. Ist denn der Mensch überhaupt in der Lage, die »Weisheit in der Stabilität der natürlichen Prozesse« gewissermaßen außer Kraft zu setzen oder bilden wir uns das bloß ein? Noch nie in der Geschichte der Menschheit waren Menschen der Natur gegenüber scheinbar so mächtig wie heute und sind zugleich doch so ohnmächtig geblieben wie eh und je. Man kann alles beeinflussen und doch laufen die Dinge aus dem Ruder. Der Mensch steht der Welt gegenüber wie ein Arzt, der über alle Mittel der Technik und der Chemie verfügt und doch zusehen muss, wie eine Krankheit fortschreitet oder wie eine Heilung auch da eintritt, wo er sie schon nicht mehr erwartet hatte. Es kann uns endlich einleuchten, wie menschliche Allmacht und Ohnmacht so eng miteinander verbunden sind.

Nicht nur Ereignisse, die die ganze Welt berühren, sondern auch scheinbar nebensächliche Vorkommnisse können uns verstehen lassen, wie sich Menschen angesichts ihrer technischen Kräfte und Machtgefühle verhalten und wie sie dann doch immer wieder mit den Abgründen ihrer Macht konfrontiert werden. Durch die Medien lief der folgende Fall: Der Versuchsfahrer einer Automobilfabrik fuhr eines Morgens mit mindestens 250 km/h über die Autobahn. Eine junge Frau mit Kind in einem Kleinwagen reagierte auf den schnellen Drängler in panischer Angst. Beim blitzschnellen Ausweichen verlor sie die Kontrolle über ihr Fahrzeug und fuhr sich und ihr Kind in den Tod. Der eilige Fahrer setzte seine Fahrt fort und behauptete später als Angeklagter, er habe von dem Unfall nichts bemerkt.
Im Strafprozess und in den Kommentaren ging es immer wieder um die Psyche des Rasers und Dränglers, der dann schließlich von seinem Unternehmen wegen seines Verhaltens vor und nach dem von ihm verursachten tödlichen Unfall entlassen wurde. Kaum einer befasste sich mit den Verantwortlichen in dem Herstellerwerk, das Autos für den Privatgebrauch baut, für die es auf den Straßen dieser Welt keinerlei vernünftige Anwendungen gibt, schließlich handelt es sich nicht um Autos für den Grand Prix. Solche Geräte dienen dem Sinnenreiz mancher Menschen in der »Superhöchstgeschwindigkeitsgesellschaft« (ein Begriff von Hans Lenk); sie sind ein Ausdruck einer Lebenshaltung, die seit dem Altertum als Hedonismus bezeichnet wird, einer »Ethik«, die die sinnliche Lust, das Vergnügen und den Genuss als vorrangiges Lebensmotiv anerkennt. Es ist die Einstellung, die nach dem heutigen Verständnis das Ich in den Vordergrund aller Motive stellt, also den reinen Egoismus pflegt.

Das hat Folgen für unseren Umgang nicht nur mit anderen, sondern mit der Welt überhaupt. Der Mensch behandelt die Welt, als sei sie ihm zu seinem Belieben und zur Verwendung nach seinen Bedürfnissen zur Verfügung gestellt. Kaum einer bekennt sich dazu ausdrücklich, letzten Endes kommt es jedoch nicht darauf an, was einer sagt, sondern wie er handelt. Der Raser ist nur ein Beispiel für viele andere, deren Verhalten nicht so spektakulär erkennbar wird. Die geistigen Väter dieses Rasers sitzen weiter oben, ihre Überholspur liegt im finanziellen Bereich und in Entscheidungen, in denen Umweltethik, wenn überhaupt, eine nur untergeordnete Rolle spielt.

Allenthalben hört man dennoch: So wie die Leute mit unserer schönen Welt umgehen, kann es nicht weitergehen. Und wenn es so weitergeht, dann geht es eines Tages gar nicht weiter mit uns. Das Eingeständnis der menschlichen Abhängigkeit von der Schöpfung fordert einen zunehmend höheren Preis, weil die Möglichkeiten und Gewohnheiten, mit der Welt allein nach menschlichen Bedürfnissen umzugehen, im 20. Jahrhundert über alle Maßen gewachsen sind. Wird es und kann es der Menschheit gelingen, diese Entwicklung zu stoppen oder gar umzukehren? Von der nicht in Worten, sondern in Taten gegebenen Antwort auf diese Frage kann das Überleben der Menschheit abhängen.

Es gab eine Zeit, da jagten sich die Horrorvisionen über unsere Zukunft. Inzwischen ist man ihrer müde geworden. Wir leben ja mitten in der einstigen Zukunft und als sie begann, war es angeblich schon viel zu spät, die Vergangenheit zu reparieren. Besonders aufschlussreich war ein Aufruf einer inzwischen nicht mehr existierenden Umweltaktion. Das Flugblatt stammt aus den Sechzigerjahren des 20. Jahrhunderts. Es berief sich als Quelle auf die »Computerberechnung US-amerikanischer Gelehrter«. Aus ihm folgt hier ein wörtlicher Auszug: »Im Jahre 2000 wird das Leben für den Menschen nicht mehr lebenswert sein. Es kommt das Ende der Tierwelt und der Vegetation.« Wen wundert es heute, dass man solche Schwarzmalereien nicht mehr ernst nimmt? Und doch: was wäre ohne sie geschehen oder nicht geschehen? Man darf die unvollkommenen Bemühungen mancher Staaten, die Umweltzerstörung einzudämmen, nicht unterschätzen. Kläranlagen wurden gebaut, Flüsse sind sauberer geworden, einige Pflanzengifte wurden verboten, Industrieabgase werden besser gereinigt usw. Dies ist auch deshalb anzuerkennen, weil Umweltpolitik teuer ist und zu einem großen Teil gegen wirtschaftliche Interessen sowohl des Staates wie der Industrie durchgesetzt werden muss. Daher gibt es immer noch starke Trends, die dieser Entwicklung entgegenstehen. Die Lobby der Schöpfung ist schwach und ohne private Initiativen wäre sie machtlos.

Obwohl die USA – dezent formuliert – nicht gerade als Vorbild für Rücksichten gegenüber der Schöpfung angesehen werden können, stammen die ersten und vermutlich wichtigsten Initiativen für den Umweltschutz gerade von dort. 1962 veröffentlichte Rachel Carson (1908–1965) ihr Buch »Der stumme Frühling« (Silent Spring), in dem sie eine Welt heraufbeschwor, in der durch Umweltgifte den Vögeln und nicht nur ihnen das Singen und das Leben vergeht. Dieses Buch brachte einen Stein ins Rollen. Zum ersten Mal wurde vielen Menschen bewusst, welchen Weg man eingeschlagen hatte. Es kommt nun nicht darauf an, ob Rachel Carson in allen Einzelheiten Recht hatte, wesentlich ist, dass sie mit ihrer Warnung im

wahrsten Sinne des Wortes Anstoß erregte. Die andere Schrift ist der unter der Federführung des amerikanischen Chemikers Dennis Meadows 1972 publizierte Bericht vom »Club of Rome« unter dem zum Schlagwort gewordenen Titel »Die Grenzen des Wachstums«. Auch dieses Werk brachte unzählige Initiativen zum Schutz der Umwelt hervor. Doch viele Jahre später (2003) bekannte Meadows resigniert: »Wir haben dreißig Jahre verloren.« Nach wie vor behauptet er, die Menschheit trudle ihrem Ruin entgegen. Das Wachstumsdenken hält er für einen Irrglauben. »Wenn wir in den Siebzigerjahren begonnen hätten, Alternativen zum Wachstum zu entwickeln, könnten wir heute gelassener in die Zukunft blicken« (DIE ZEIT, 31. 12. 2003).
Warum sollen wir nicht heute verbrauchen, was wir auf der Erde vorfinden, sollen künftige Generationen nicht selbst für sich sorgen? Mehr oder weniger unausgesprochen taucht diese Frage in den Hintergründen des Denkens und Redens immer wieder auf. Dabei kann man die dabei zur Sprache kommenden Argumente in vier Gruppen einteilen, die oft allesamt als »ethisch« verkauft werden, auch wenn sie gelegentlich das Gegenteil darstellen. Es gibt

1. finanzielle,
2. utilitaristische,
3. psychologische,
4. ethische Argumente im engeren Sinne.

1. **Finanzielle Argumente** wären am leichtesten zu begründen, wenn sie einigermaßen belegt werden könnten, was jedoch meist nicht der Fall ist. Beispielsweise sind Steuererleichterungen für die Einhaltung von Abgasnor-

men nur ein Scheinargument. Die eigentlichen Einsparungen wären z. B. an Kosten für Heilverfahren bei Menschen, die durch Smogbelastung erkrankt sind, abzulesen. Aber wer könnte so etwas auch nur im Entferntesten berechnen? Holzt man Wälder in großem Stil ab, um das Holz zu verkaufen oder um Plantagen aufzubauen, dann kann man damit Arbeitsplätze schaffen und den Export steigern. Das zählt. Unberechenbar bleiben die Nachteile für die beraubten Böden, das Klima etc. Finanzielle Argumente haben viel mit Wirtschaft, aber nichts mit Ethik zu tun, auch wenn sie in ethisch getarnter Sprache geäußert werden.

2. **Die utilitaristischen Argumente** sind die allgemein üblichen. Der Utilitarismus (von lat. utilis = nützlich) geht auf den englischen Denker John Stewart Mill (1806–1873) zurück, der seine Ethik auf Nützlichkeitserwägungen aufbaute. In Umweltdebatten geht es meist nur um die Folgenabschätzung in Vorteilen und Nachteilen. Welche gesundheitlichen Risiken birgt der Einsatz von Pestiziden? Was geschieht mit dem Grundwasser, wenn ein See leer gepumpt wird? Gibt es Statistiken, die beweisen, wie oft Erkrankungen auf antinatürliche Lebensmittel (Genfood) zurückgeführt werden können? Wie viel Wasser verbleibt in einem Fluss, wenn man an seinem Oberlauf für ein Kraftwerk einen riesigen Stausee anlegt, aus dem Wasser verdunstet? (Das ist eine Frage, die man sich z. B. in Ägypten hätte stellen müssen, bevor man den Nil in der Wüste zu einem großen See aufstaute.) Welche sofort beobachtbaren negativen Folgen treten ein, wenn man die Urwälder der Welt abholzt, um Plantagen anzulegen? Der amerikanische Philosoph Nicholas Rescher behauptete noch 1980: »Unsere Pflicht, Arten zu schüt-

zen, folgt nicht aus ihrem Recht auf Existenz« (Birnbacher, 186). Nicht die Gattung, nur das einzelne Tier könne ein Recht haben, ist sein Argument. Daraus würde konsequenterweise folgen, dass man einen einzelnen Hasen schonen muss, nicht jedoch die Lebensgrundlagen, auf denen Hasen überhaupt leben können. Das ist natürlich Unsinn. Auf die Frage, wozu Arten gerettet werden sollten, hat Rescher drei Argumente: Die menschliche Klugheit, weil wir selbst ein Interesse an ihnen haben, moralische Interessen, die andere Menschen haben, und zum Schutz ethischer Werte. Solche Aussagen sind reinster Utilitarismus in seiner eigentlich längst überholten, doch immer noch meistverwendeten Form. Menschlicher Nutzen steht hier im Mittelpunkt, nicht höhere Werte der Natur.

3. **Psychologische Argumente** sind schwer zu begründen. Wie will man denn in einer Kontroverse auftreten, wenn man nichts weiter sagen kann, als man könne sich Felder ohne Lerchen, Hasen, Kornblumen und Mohn nicht vorstellen, die gehörten einfach dazu, wenn demgegenüber argumentiert wird, der Einsatz großer Landmaschinen fordere eben großflächige Felder ohne Hecken und Gräben, anders könne man nicht konkurrieren? Schließlich kann man auch nicht leicht nachweisen, inwiefern der Mensch seelisch leidet, wenn er das allmähliche Aussterben einer Tier- oder Pflanzenart vernimmt. Der amerikanische Soziologe Bill Devall von der Humboldt-State-University in Arcata (Kalifornien) verwendet seit etwa 1980 für solche aus dem Inneren des Menschen kommende Argumente für die Erhaltung der Schöpfung den Begriff »Tiefenökologie« (Deep Ecology). Der Begriff ist entstanden auf der Suche nach einer neuen Meta-

physik für die Umweltethik. Ähnliche Begriffe sind »Ökophilosophie«, »Fundamentalökologie« oder auch »Neue Naturphilosophie«. Devalls Ausgangsthese: »Der einzelne Mensch ist nicht über oder außerhalb der Natur. Der Mensch ist Teil des Schöpfungsprozesses« (Birnbacher, 23). Devall fordert eine »kosmisch-ökologische Metaphysik, die die (Ich-Du-)Identität zwischen Mensch und nicht menschlicher Natur hervorhebt«. Um dies zu verwirklichen, fordert er eine neue Psychologie, die diese Erkenntnis der Verflochtenheit überhaupt erst ermöglicht. Im Hintergrund stehen dann nicht irgendwelche finanziellen und wirtschaftlichen Rücksichten, sondern schlicht und einfach dieses Bekenntnis: »Es liegt Weisheit in der Stabilität der natürlichen Prozesse, unbeeinflusst von Eingriffen des Menschen.« Es gilt dann diese Weisheit zu achten und sie nicht durch menschliche Vernunft ersetzen zu wollen.

4. **Ethische Argumente** sind noch schwerer einzubringen, vor allem dann, wenn sie religiös begründet werden. Die Bibel ist in punkto Umwelt ein eher karges Gebiet. Zwar wird in ihr wiederholt die Schöpfung als Gottes Werk verherrlicht und als Heiligtum gepriesen, doch fehlen Hinweise auf konkretes Verhalten, das daraus abgeleitet ist. Es ist nun einmal nicht zu bestreiten, dass die Menschen in Israel vor zwei bis drei Jahrtausenden keine Umweltprobleme im heutigen Sinne kannten. Wozu sollten sie eine spezielle Umweltethik entwickeln? Gott hatte ihnen in der Schöpfungsgeschichte die Erde anvertraut mit den Auflagen: »Seid fruchtbar und mehret euch!« sowie »Macht euch die Erde untertan«. Beide Gebote hat der Mensch gründlich befolgt. Heute wissen wir, dass der Begriff »untertan« nicht einfach eine Unterstel-

lung zur freien Verfügung gewesen sein konnte. Der »Untertan« war zur Zeit Luthers der »Obrigkeit« zwar Gehorsam schuldig, dies war aber kein einseitiges Verhältnis, denn zugleich schuldete der Landes-Vater seinen Landes-Kindern Fürsorge und Schutz. (Leider missbrauchte er seine Stellung vor allem in der Zeit des Absolutismus oft schamlos.) Konsequenterweise ist dieses Gebot in einer neuen Bibelübersetzung so formuliert: »Nehmt die Erde in Besitz! Ich setze euch über die Fische, die Vögel und alle anderen Tiere *und vertraue sie eurer Fürsorge an.*« Die vom Schöpfer verlangte menschliche Fürsorge für die Natur wäre ein Oberbegriff, unter den sich die Umweltethik heute stellen ließe.
Leider zeigte sich, dass der Mensch im Lauf der Geschichte bis heute es an dieser Fürsorge gründlich hat fehlen lassen. Die Erde wurde und wird ausgebeutet ohne Rücksicht darauf, dass der den Menschen anvertrauten Schöpfung tiefe Wunden geschlagen werden. Ganz anders sieht man das seit je in indischen Religionen. Zu den zehn Vollkommenheiten gehört nach einer buddhistischen Lehrschrift die »Liebe zu allen Wesen«, die sich in jedem Fall auch auf Tiere und Pflanzen erstreckt (Grundtexte, 36). In einem ebenfalls aus zehn Punkten bestehenden buddhistischen Mönchsgelübde muss der Bewerber als Erstes versprechen, sich der Zerstörung lebender Wesen zu enthalten (106). Ob und inwieweit sich religiöse Argumente in Umweltdebatten gegenüber massiven finanziellen Erwägungen durchsetzen lassen, das ist eine derzeit noch ungelöste Frage. Ihr ethisches Gewicht hängt davon nicht ab.
Den unter Punkt drei und vier aufgeführten Gründen für die Bewahrung der Schöpfung ist gemeinsam, dass der Mensch über den in der Schöpfung erkennbaren Geist

und seine in ihr zum Ausdruck kommende Weisheit nicht frei verfügen darf, sondern dass hier eine Verpflichtung besteht, der sich Menschen auf Dauer ungestraft nicht entziehen können. Der Mensch muss sich in den Schöpfungsprozess als sein Bestandteil einordnen oder er muss sich einer höheren Macht unterordnen. In keinem Fall darf er sich als unbeschränkter Herrscher aufspielen und betätigen. Ob man die Folgen der von der Menschheit begangenen »Umweltsünden« als natürliche Folge oder als Strafe Gottes betrachtet, das ändert an den Fakten nichts. Letzten Endes geht es darum, die in der Schöpfung erkennbare Weisheit in sich aufzunehmen, um ihr gerecht zu werden. Daraus folgt ein Verhalten, das aktives Handeln einerseits und Verzicht andererseits umfasst. Demut und Verzicht, das sind keine Modeworte in unserer auf schnelle Ergebnisse angelegten Gesellschaft. Wenn wir wissen, dass kein Politiker so etwas fordern wird, dann wissen wir auch, wie machtlos die Politik weltweit geworden ist.

Dritter Teil

Die Nähe des unfassbaren Schöpfers

»Am Anfang war hier nur das Selbst«

Die Schöpfung aus dem Inneren – indische und abendländische Schöpfungsmystik

»Am Anfang war hier nur das Selbst; es war wie ein Mensch. Es blickte um sich und sah nichts anderes als sich selbst. ›Das bin ich‹, das war sein erstes Wort. Daher erhielt es den Namen ›Ich‹.«

Aus den Upanishaden

Allen Weltreligionen und Philosophien seit Urzeiten ist die Frage nach dem Schöpfer oder zumindest nach dem Geist der Schöpfung die erste und wichtigste Grundlage. Wer oder was hat die Welt und alles Bestehende in Gang gesetzt? Diese Frage hat sich nicht erledigt, auch und gerade heute nicht. Sie wird uns immer wieder auf neue Weise gestellt. Wer sich um sie drückt, verpasst den Anschluss an die Zukunft. Die Auswahl an möglichen Antworten ist, wenn man zu fantastische Mythen ausklammert, gar nicht so besonders groß.

Der Wecker klingelt uns unsanft aus dem Schlaf. Gerade waren wir noch mitten in einem schönen Traum, waren vielleicht ein Mensch, von dem wir nicht wussten: Bin das ich selbst oder ist es ein anderer, den ich träume. Und die Straße, auf der wir uns bewegten, war die nicht in einer fremden Stadt, die noch so war wie vor hundert Jahren? Da war doch irgendeine romantische Vorstellung

von einer unbeschreibbaren, irrealen Welt. – Fährt es uns vielleicht manchmal in solchen Momenten durch den Kopf: Jetzt muss ich wieder der sein, als der ich mich gestern Abend zum Schlafen gelegt habe. Ist das selbstverständlich? Könnte ich nicht auch als der erwachen, der ich im Traum war? Vielleicht lagen auch solche Gedanken einer indischen Vorstellung von der Schöpfung zugrunde.
»Am Anfang war das Selbst.« So einfach ist das: Die Welt entsteht überhaupt erst dadurch, dass ich zu mir sage: Das bin ich. Bin ich dann also Schöpfer der Welt? In gewisser Beziehung ja. Ich schaffe mir ja auch meine Traumwelt. Traum und Wachen haben mehr gemeinsam, als wir meinen. Das hier zitierte dreitausend Jahre alte Wort aus der Brihad-Aranyaka-Upanishad gibt uns dennoch manche Rätsel auf. Vielleicht wäre es deshalb angemessen, auf jedes weitere Wort zu verzichten, um zu versuchen, die Worte für sich allein wirken zu lassen. Immerhin gibt der unbekannte Verfasser oder Aufzeichner dieses Gedankens einen Hinweis: »Darum sagt auch jemand, der begrüßt worden ist, zuerst ›ich bin der‹ und nennt dann den Namen, den er führt.« Man stellt sich vor, der Welt, sich und anderen, denen man begegnet. Wer sich nennt, erkennt die Welt. Der Name ist mehr als ein äußerliches Attribut, er ist ein Signal der Identität und erschafft, was er nennt. Die materielle Welt erscheint dem indischen Denken anders als unserem abendländischen. Man kann den hier vorgestellten Gedanken so verstehen: Die Welt entsteht aus dem Ich-Bewusstsein. Anders gesagt: Das sich selbst wahrnehmende Ich schafft sich seine Welt. Dies ist die eigentliche Schöpfung. Und die Welt der Materie, die es ja schließlich auch gibt, was ist mit der? Nichts.

Der große indische Heilige, Philosoph und Dichter Shankara (686–718) schrieb: »Brahman ist wirklich, das Weltall ist unwirklich.« Die Welt mit ihren materiellen (grobstofflichen) Erscheinungen ist Maya, das heißt, sie ist unwirklich wie eine Fata Morgana in der Wüste, schreibt Shankara. Nicht die geistige (feinstoffliche) Welt ist Trug, sondern die materielle. Das ist genau das Gegenteil der materialistischen Vorstellung im westlichen Denken. Daher hat sich die indische Philosophie über Jahrhunderte hinweg in erster Linie mit der so genannten feinstofflichen Welt befasst, aber keine in unserem Sinne naturwissenschaftliche Erforschung der materiellen Welt und ihrer Herkunft betrieben.

Von Maya zu unterscheiden ist Atman. Er enthüllt das ganze Weltall von Bewusstsein und Materie. So drückt es Shankara aus: »Er selbst ist nicht zu bestimmen. Er erhält die ungebrochene Empfindung unserer Identität während der verschiedenen Bewusstseinsphasen – im Wachen, Träumen und Schlafen – aufrecht. Er gibt sich als Zuschauer unseres Denkens kund« (60).

Das ist ein interessanter, wenn auch schwieriger Aspekt: Atman ist zugleich unser Selbst und unser Beobachter. Er sorgt für die Fortdauer unserer Identität, das heißt: Wir wachen morgens wieder als der auf, als der wir am Vorabend eingeschlafen sind. Das erscheint uns als Selbstverständlichkeit. Warum eigentlich? Wir schalten doch zwischendurch ab und wenn unsere Seele nicht an den Körper gebunden ist und auf nächtliche Abenteuerreisen geht, wie findet sie dann beim Aufwachen wieder zurück in ihn? Dafür sorgt nach indischer Lehre Atman, unser Draht ins Jenseits, der Hauch, der »Atem«, der Leib und Seele miteinander verbindet und zugleich auch die Verbindung zu Brahman herstellt. Doch wer oder was ist

Brahman? Shankara formuliert es so: »Nichts ist jenseits von Brahman. Es ist größer als das Größte. Es ist das Innerste Selbst, die nie endende Freude in uns. Es ist absolutes Sein (...). Es ist ohne Ende, ewig.«
Man darf solche Texte nicht als Definition oder gar als eine Art Katechismus verstehen, sondern als Ausgangspunkt für neue Erfahrungen, die jeder selbst sich erwerben muss, es ist also kein: »So ist es«, sondern ein: »Das kannst du erfahren.«
Die Upanishaden als Sammlung heiliger Texte aus mehreren Jahrhunderten verkörpern kein einheitliches System. Sie sprechen auch von einem nicht namentlich genannten Schöpfergott. In der Shvetashvatara-Upanishad kommt das so zum Ausdruck: »Der einzige Gott ist in allen Wesen verborgen, durchdringt alles und wohnt in der Seele von allen Wesen; er wacht über die Werke, wohnt über allen Wesen, ist Zeuge, Wächter, ganz für sich allein und frei von den Grundbestandteilen. Er ist der einzige Herr über die vielen Seelen. (...) Er schafft alles, kennt alles, er stammt aus seinem eigenen Schoß, ist Intellekt, Zeitenschöpfer...« (176). In einem solchen Text erscheint Gott als Schöpfer des Brahman, dem man sich durch die Kraft der Buße und Gnade nähern kann (177). Das klingt für unsere Ohren geradezu wie ein Text aus der Bibel. Es mag sein, was immer wieder behauptet wird, dass die Religion der Juden und Christen mehr indische Einflüsse hat, als in der Vergangenheit angenommen wurde.
Ein solcher mit dem Selbst verbundener Gottesbegriff ist auch im Christentum immer wieder behauptet und dann von der Kirche heftig bekämpft worden. Die Frage, ob der Schöpfer gut oder allmächtig ist, stellt sich im indischen Denken nicht. Im Abendland konnte man sich über solche Fragen die Köpfe heiß reden oder je nachdem auch

einschlagen. Meister Eckhart löste dieses Rätsel auf undogmatische, mystische Weise. Er ist glaubhaft in dem, was er sagt, denn er spricht von eigenen Erfahrungen und nicht von übernommenen Dogmen. Seine Überzeugung ist die, dass Gott nicht außerweltlich ist und keine Eigenschaften haben könne. »Gott ist in allen Dingen. Je mehr er in den Dingen ist, umso mehr ist er außerhalb der Dinge; je mehr er drinnen ist, umso mehr ist er draußen.« Das klingt nicht gerade logisch, hat aber seinen eigenen, über der formalen Logik liegenden Sinn, weil es im mystischen Denken kein Innen und Außen gibt. Dann fährt er fort: »Ich habe schon manchmal gesagt, Gott erschaffe diese ganze Welt voll und ganz in diesem Nun. (...) Dort, wo niemals Zeit eindrang, niemals ein Bild hineinleuchtete: Im Innersten und im Höchsten der Seele« (Predigt 43).

Diese Darstellung entspricht weitgehend der indischen Erfahrung vom Erschaffen der Welt aus dem Selbst. Die Seele steht nach Eckhart auch über der Zeit: »Alles, was vergangen ist, und alles, was gegenwärtig ist, alles, was zukünftig ist, das erschafft Gott im Innersten der Seele.« Man könnte meinen, Eckhart spreche hier von der Verbindung zwischen Atman und Brahman. Shankara schrieb: »Brahman ist ohne Teile oder Eigenschaften. Es ist ungreifbar, absolut, unbefleckt, das Eine ohne ein Zweites. (...) Brahman ist nicht zu bestimmen. Es ist jenseits des Fassungsvermögens von Denken und Rede« (121).

Eckhart kehrte den menschlichen Versuch, Gott mit Eigenschaften zu versehen, ins Absurde: »Sage ich demnach Gott ist gut – es ist nicht wahr; ich vielmehr bin gut, Gott aber ist nicht gut!« Fernab von Gott sind alle Eigenschaften, sagt Eckhart; er ist über alle erhaben. »Sage ich ferner: Gott ist ein Sein – es ist nicht wahr; er ist vielmehr ein über seiendes Sein und eine über seiende Nichtheit! (…) Hätte ich einen Gott, den ich erkennen könnte, ich würde ihn nimmer für Gott ansehen.« Und dann sagte er etwas, was nicht nur die frommen Schwestern, für die er seine deutschen Predigten hielt, sondern auch die hohe Geistlichkeit als schockierend empfunden haben: »Gott ist nicht liebenswert: Er ist über alle Liebe und Liebenswürdigkeit erhaben.« Gott als Schöpfer der materiellen Welt ist für Eckhart, wenn überhaupt, dann ein nebensächliches Thema. Denn auch er entdeckt die eigentliche Welt nicht außen, sondern innen, wohl wissend, dass es dieses Außen gibt, aber es verschmilzt zu dem großen Einen. Mit solchen Gedanken, sofern man sie sich zu Eigen machen kann, ließe sich der scheinbar unendliche Konflikt über Macht oder Ohnmacht, Güte oder Teilnahmslosigkeit des Schöpfers auflösen. Die Frage ist in dieser Hinsicht falsch gestellt. Gott ist eigenschaftslos. Eckhart folgert: »Du sollst Gott lieben, wie er ist ein Nicht-Gott, ein Nicht-Geist, eine Nicht-Person, ein Nicht-Bild.« Die Auflösung des Unterschieds zwischen außen und innen, zwischen der materiellen Schöpfung und unserer Innenwelt, zwischen Subjekt und Objekt führt den Mystiker in die große Einheit der Welt, er wird, wie Eckhart sagt, »abgesondert von aller Zweiheit«. Damit geht er ins Extrem, in einen Bereich, in dem ihm viele ebenso wenig folgen können wie dem Shankara. Eckhart sagt: »In diesem Einen sollen wir ewig versinken vom Etwas zum Nichts« (Predigt 42).

Das Versinken im Einen, im All, im Weltganzen, im Wesen der Schöpfung ist eine Erfahrung, die einige wenige Menschen in allen Kulturen und zu allen Zeiten immer wieder machen konnten und können. Doch ist damit ein Beitrag zur Erhaltung der Welt und des Lebens geleistet?

Zeigen solche Menschen einen begehbaren Pfad zum Glück, sind sie eher eine interessante Kuriosität oder stimmt vielleicht beides? Auch diese Frage taucht immer wieder auf.

Die beseelte Schneeflocke

Albert Schweitzers Kritik an der mystischen Weltabgeschiedenheit

»Leben heißt: Kraft, Wille aus dem Urgrund kommend, in ihm wiederaufgehend; heißt Fühlen, Empfinden, Leiden.«

Albert Schweitzer

Wir sind ein Teil der Schöpfung, stehen ihr also nicht gegenüber, sondern sind ein Organ ihrer Gesamtheit.
Wir fühlen nicht einfach unser Leben, sondern das Leben überhaupt, denn wir sind Teil der Gesamtheit allen Lebens. Wir leben das Leben und zugleich lebt es uns. Diese Erkenntnis kann man lehren, fordern oder an sich selbst erleben. Man kann sie natürlich auch ablehnen, mit Worten und mit Taten. Einer, der sie erlebt, gelebt und gelehrt hat, war Albert Schweitzer.
Nach seiner kriegsbedingten vorübergehenden Rückkehr aus Lambarene nahm Albert Schweitzer neben vielen anderen Tätigkeiten in der Heimat auch seine gelegentlichen Sonntagspredigten in der (heute stillgelegten) Kirche St. Nicolai am Ufer der Ill in Straßburg wieder auf. Die Predigt vom 16. Februar 1919 zeigt ihn, der zu radikalen Entschlüssen neigte, auch als radikalen Denker. Zum ersten Mal verkündete er öffentlich seine ihm in Afrika erwachsene Einsicht einer Ethik der »Ehrfurcht vor dem Leben«. Doch Schweitzer dehnt diesen Begriff so aus, dass er, ohne dies ausdrücklich zu betonen, die

ganze Schöpfung mit umfasst. »Der Käfer, der tot am Wege liegt – er war etwas, das lebte, um sein Dasein rang wie du, an der Sonne sich erfreute wie du, Angst und Schmerzen kannte wie du. Und nun nichts mehr als verwesende Materie – wie du über kurz oder lang sein wirst.« Damit jedoch nicht genug, das Mitleid mit dem »Leben« geht noch weiter und daher folgt hier ein Satz, bei dem die Zuhörer dieser Predigt vermutlich verunsichert mit den Schultern gezuckt haben, so wie wir wohl auch heute, wenn wir das lesen: »Du gehst draußen und es schneit. Achtlos schüttelst du den Schnee von den Ärmeln. Da musst du schauen: Eine Flocke glänzt auf deiner Hand. Du musst sie schauen, ob du willst oder nicht, sie glänzt in wundervoller Zeichnung; dann kommt ein Zucken in sie: die feinen Nadeln, aus denen sie besteht, ziehen sich zusammen, sie ist nicht mehr – geschmolzen, gestorben auf deiner Hand.«

Das Schicksal der Schneeflocke wird so indirekt mit dem des Menschen in Verbindung gebracht, nicht nur als Vergleich, es ist mehr: die Schneeflocke zuckt und stirbt, mit ihr vergeht etwas, was einmal in seiner vollkommenen Schönheit betrachtet werden konnte, und sei es auch nur für eine Sekunde. Sollen wir auch sie schützen wie den Käfer oder gar den Mitmenschen, wo wir doch wissen, dass der nächste Sonnenstrahl, der nächste laue Wind das Ende der Schneeflocke besiegeln muss? Die Schöpfung lebt vom Entstehen und Vergehen, sie geht großzügig mit ihren Werken um. Schweitzer ging damit indirekt davon aus – ohne es ausdrücklich zu bekennen –, dass auch die Schneeflocke beseelt ist. Neue Forschungen befassen sich mit der Frage, inwieweit Wasser Träger von Information sein kann, jenseits der Chemie.

Die Annahme von der Beseeltheit auch der (nur schein-

bar?) unbelebten Natur hat nicht nur eine östliche, sondern auch eine westliche Tradition seit dem Altertum. In der Neuzeit ausgesprochen hat es Giordano Bruno (1548–1600) in seiner Schrift »Über die Ursache, das Prinzip und das Eine«. Seine Argumentation ist eigentlich ganz einfach. Wenn das All beseelt ist, dann sind es auch seine Teile, denn das All und seine Teile bilden eine unlösbare Einheit. Er bekundete dies zu einer Zeit, als noch viele daran zweifelten, ob auch Frauen eine Seele haben. Die Formen aller Dinge sind beseelt, also auch jedes Ding in seiner Ausprägung. Wörtlich schrieb Giordano: »Geist findet sich in allen Dingen und es ist auch nicht das kleinste Körperchen, welches nicht einen ausreichenden Anteil davon in sich fasste, um sich beleben zu können.« Um dies näher auszuführen, geht Giordano davon aus, dass ja schließlich auch Kristalle und Edelsteine Kräfte haben, »den Geist umzustimmen und neue Affekte und Begierden in der Seele, nicht bloß im Körper hervorzubringen«. Ähnliches gelte auch von trockenen Kräutern und Wurzeln. Für Giordano sind solche Wirkungen geistig, also wohl nicht in erster Linie chemisch. Dieses Denken fasst er so zusammen: »Wenn also Geist, Seele, Leben sich in allen Dingen vorfindet und in gewissen Abstufungen die ganze Materie erfüllt, so ist der Geist offenbar die wahre Wirklichkeit und die wahre Form aller Dinge. Die Weltseele ist also das konstituierende Formalprinzip des Universums« (2. Dialog).
Wie gehen wir nun mit den Dingen um, wenn wir sie alle als integralen Bestandteil der Schöpfung bewerten? Was dürfen wir dann noch und was nicht? Albert Schweitzer spricht nicht von der Beseeltheit der Dinge, doch der in der Predigt verwendete Ausdruck: »Wille, der aus dem Urgrund kommt und in ihm wieder aufgeht« deutet da-

rauf hin, dass die Schöpfung insgesamt und in ihren Teilen durch einen Willen beseelt ist. Das Aufgehen in diesem Urwillen ist jedoch nicht gleichbedeutend mit dem Willen zum Überleben. Die Blume erblüht und welkt, das ist ihr mitgegeben und ihr Sinn. Die Kuh, die sie in sich hineinschlingt, entstammt dem gleichen Geist, die Blume dient ihr.

In anderem Zusammenhang grenzt sich Schweitzer von der Mystik der indischen Denker ab. Ihre Gedanken, so erhaben sie sein mögen, lösen nicht die Probleme, die aktive Menschen mit der Schöpfung verspüren, die dieses Versinken vielleicht verstehen, aber nicht oder nur unvollkommen selbst nachvollziehen können oder wollen. Sie geben eine Ahnung von einer Weltsicht jenseits materieller Probleme und Vorstellungen. Sie weisen in eine Richtung, die auch moderne Menschen mitunter ansprechen kann. Doch wer kann diese Weltsicht ausleben? Auch wenn eine solche Einstellung seit Menschengedenken und in allen Kulturen vielen Trost und Halt vermitteln konnte, hat sie nach der Meinung von Albert Schweitzer auch ihre Schattenseiten. Wer die Schöpfung ausschließlich als seelisches Erlebnis versteht, läuft Gefahr, das Interesse an der Außenwelt zu verlieren. Dort aber geht es um das Zusammenleben in der Gesellschaft und um die Aufgaben des täglichen Lebens. Wir alle sind aufgefordert, die Schöpfung nicht nur zu erleben, sondern auch zu nutzen und zu bewahren. Aus Weltflucht und Versenkung wächst kein innerer Ruck, aufzustehen und etwas zu tun. Dieses Dilemma hat Albert Schweitzer in seinem Werk »Die Weltanschauung der indischen Denker« (1935) klar erkannt. Bei aller Faszination vom indischen Denken blieb er ihm gegenüber doch letztlich auf Distanz. Es gebe, meint er, den Versuch, diese Identitäts-

Mystik als ethisch zu begreifen. »Gelingen kann dies ebenso wenig, als es Meister Eckhart gelang, seine Mystik ethisch werden zu lassen« (210). Und als Folge aus seiner Darstellung bekennt sich Schweitzer zu einem realen Tätigwerden in der Welt: »Ein auf die Welt gehendes Wirken ist dem Menschen nur in der Art möglich, dass er sich um die höchste Erhaltung und Förderung allen Lebens, das in seinen Bereich tritt, bemüht. In diesem Eins-Werden mit allem Leben verwirklicht er das tätige Eins-Werden mit dem Ur-Grunde des Seins, dem dieses Leben zugehört« (210).

Albert Schweitzer hat in seinem Leben gezeigt, wie er diese Worte verstanden hat. Er war einer der ganz wenigen Menschen, die die Kraft haben, ihre Worte und Taten in Einklang zu bringen. Manche Probleme, die wir im Umgang mit der Schöpfung haben, erscheinen heute in anderer Gestalt als vor rund hundert Jahren, als Schweitzer den Entschluss fasste, sein Leben den Ärmsten in Afrika zu widmen. Am menschlichen Grundproblem hat sich jedoch nichts geändert.

Geht man von der Beseeltheit aller Dinge aus, dann könnte daraus eine regelrechte Hierarchie der beseelten Objekte hergeleitet werden. Wenn das Blatt beseelt ist, dann auch der Baum und erst recht der Wald. Schließlich muss die Erde eine Seele haben. Dies wurde immer wieder so erkannt. Wie schon erwähnt, gab es eine kultische Verehrung für Erda, Gaia oder ganz allgemein die Erdenmutter. Hans Lenk weist darauf hin, dass es zur Zeit Jesu unter den Essenern, einer Sekte, der vielleicht auch Jesus nahe gestanden hat, ein regelrechtes »ökologisches Evangelium« gegeben habe. In einer dieser Schriften wird sie so geschildert: »Alles, was lebt, alle Bäume, alle Pflanzen in jedem Teil der Welt, sie alle sind Teile des Reiches der Erdenmutter« (Prometheisches Philosophieren, 130). Die Natur wird so mit allen ihren Bestandteilen zu einem Heiligtum. Der Mensch kann ihm im Alltag dienen, auch ohne heiligen Schauer.

Die ewige Spirale

Laotse und Heraklit und ihr Versuch, den Sinn der Welt begrifflich zu fassen

»Ehe Himmel und Erde bestanden,
War etwas Nebelhaftes:
Schweigend, abgeschieden,
Allein stehend, sich nicht ändernd,
Ewig kreisend ohne Unterlass.
Würdig die Mutter aller Dinge zu sein.«

Aus dem Taoteking

Dreht sich die Welt oder fließt sie? Bleibt sie unverändert oder treibt sie davon? Was hängt für uns heutige Menschen davon ab, ob wir solche Fragen für sinnvoll halten oder für überflüssige Gedankenspielereien?
Eines können wir zumindest erfahren, wenn wir über solche Fragen sinnen: Es gibt einen Fortschritt der Wissenschaft, doch keinen in der eigentlichen Welterkenntnis. Wenn es hier Fortschritte gibt, dann sind es allenfalls die in unseren eigenen Köpfen. Sie lassen uns zugleich etwas erfahren über den Ursprung der Welt, nicht im Sinne der modernen Kosmologie, sondern im Sinne innerer Bewusstwerdung, deren Wahrheit für uns vermutlich zumindest ebenso wichtig ist wie Berichte über aktuelle Ergebnisse der Forschung. Die Entwicklung einer reichen Gedankenwelt wäre zwar um einiges billiger als der Raketenvorstoß ins All, ist aber schwieriger zu er-

langen. Menschen lassen sich bessern, die Menschheit nicht. Auf diesem Gebiet hätte die Evolution manches zu tun gehabt in den letzten dreißigtausend Jahren. Warum ist es nicht geschehen?
Hier bleiben Menschheitsfragen an die Schöpfung unbeantwortet. Wir schießen Geld auf den Mars statt Weisheit in die Menschen. Die geistigen Strömungen der letzten zweieinhalb Jahrtausende können wir einigermaßen überblicken. Die Fortschritte dabei sind eher bescheiden: Wir können heute genauer analysieren und beschreiben, was wir immer noch nicht wissen. Doch selbst hier klaffen Lücken. Helfen können uns dabei uralte Worte, die in vielen Jahrhunderten taufrisch geblieben sind, weil der menschliche Geist in der Wirklichkeit auf der Stelle tritt. Keine Forschung kann sie überholen.
Das Taoteking aus dem fünften vorchristlichen Jahrhundert steckt voller Rätsel. Laotse, sein mythischer Verfasser, wusste Bescheid, war aber so ehrlich, nichts zu behaupten. Er verkündete keine ewige Wahrheit, wohl aber ewige Weisheit. Wer oder was hat die Welt hervorgebracht? Das beschäftigte die Menschen in China genauso wie im Vorderen Orient und in Griechenland. Erstaunlich ist, dass zwischen Kulturen, die damals nicht oder nur über den dünnen Hauch weit hergetragener Gerüchte in Verbindung standen, Weisheiten aufkamen, die in manchen Beziehungen übereinstimmten. Während in Israel damals schon die Lehre von dem einen allmächtigen Schöpfergott verbindlich niedergelegt war, erging sich Laotse in hellsichtigen Ahnungen. Statt Göttern, die es damals in China auch gab, verehrte er das unaussprechliche und unbeschreibliche Tao, das mit Sinn, Weg, Bahn, Führerin des Alls, Logos usw. nur weiträumig umschrieben, nicht jedoch eindeutig übersetzt und erklärt werden

kann. Richard Wilhelm, der Klassiker unter den Sinologen, übersetzte Tao mit SINN. In dieser Schreibweise drückte er aus, dass dieser undefinierbare Begriff für mehr steht, als mit dem gewöhnlichen Wort Sinn normalerweise ausgedrückt werden kann. Dennoch ist es wohl angemessen »Tao« als Wort unübersetzt stehen zu lassen.
Laotse sieht als Welturheber, im Gegensatz zu männlich geprägten Religionen, ein mütterliches Prinzip. »Es war ein Anfang des Alls, das ist der abertausend Wesen Mutter« (52). Diese Urmutter ist keine Göttin, der man Altäre baut, sie hat auch keinen Namen, es ist eine anonym und abstrakt bleibende, hinter dem Himmel verborgene Schöpferin. Sie ist »nebelhaft, schweigend, abgeschieden, allein, sich nicht ändernd«. Diese Urmutter spricht Laotse mit Tao an. Wer das Tao hat, erwirbt die unbeschränkten Kräfte einer Gottheit: »Wessen Grenzen keiner kennt, der mag die Welt besitzen. Besitzt er aber das Tao, die ewige Mutter der Welt, so kann er ewig dauern« (59). Räumlich und zeitlich grenzenlos kann somit auch ein Mensch sein, der die Mutter der Welt in sich aufnimmt. Zugleich wird man dann zum Schöpfer: »Das Tao gebiert« (51). Man darf sich dieses Gebären nicht auch als unmittelbar formgebend vorstellen, »weil es niemand zwingt, und so wachsen und gedeihen die Dinge ganz von selbst«.
Die Mutter aller Dinge wird zum Vorbild einer modernen Erziehung. Sie gebiert, sie nährt, sie lässt wachsen und gedeihen, sie lässt werden und vollenden. Aus dieser Annahme folgert der Weise: »Erzeugen, doch nicht besitzen, wirken, doch nicht daran hängen, behüten, doch nicht beherrschen. Das ist die verborgene Tugend« (51). Man kann dieses Prinzip so zusammenfassen: Hervorbringen, Bewahren, Loslassen. Die Urmutter gebiert die

Welt und entlässt sie in die Freiheit. Wie sich die Schöpfung in der Materie abgespielt hat, dafür interessierte man sich nicht. Diese Forschung blieb der westlichen Welt vorbehalten.

Es gibt nach dem Taoteking noch ein anderes Schöpfungsprinzip: es ist »ewig kreisend ohne Unterlass«. Sagt man Laotses ungefährem Zeitgenossen, dem Griechen Heraklit aus Ephesus, den Ausspruch »Alles fließt« nach, so meinte sein chinesischer Geistverwandter: »Alles kreist.« Nicht nur das Fließen, sondern auch das Kreisen wird als ein Urprinzip der Schöpfung angesehen. Beide Denker haben auf ihre Weise Recht. Die Ewigkeit wandert, so verstanden, nicht von einem Ursprung zu einem Ziel, ihre Zeitlosigkeit wird möglich durch eine ständige Wiederkehr. Diese beschränkt sich nicht auf die Wiederkehr der Morgensonne, der Mondphasen, des Jahreslaufs, denn die kreisende Urmutter war schon vor Himmel und Erde da. Das All vergeht und kehrt wieder. Dieses Kreisen wird nach den Forschungsergebnissen der Kernphysik auch in der innersten Struktur der Materie, im Kreisen der Elektronen um den Atomkern unterstellt, wenn auch wohl dieses Kreisen eher eine Form der Wahrscheinlichkeit annimmt.

Geht man ins andere Extrem, in die unvollkommene Unendlichkeit der Raumzeit, so wittern moderne Kosmologen wie Hawking auch hier ein stetes Kreisen oder Sichrunden der Universen und womöglich eine Wiederkehr der Zeit. Hier könnte sich, wenn auch in der unsicheren Betrachtungsweise des Menschen ausgedrückt, eine Kombination aus Heraklit und Laotse ergeben: Das stete Fließen und das Kreisen, die Fortbewegung und die Wiederkehr, ergeben zusammen die Form einer Spirale. Die Dinge kehren wieder, während die Zeit über sie hinweggeht. Niemand steigt zwei Mal in den gleichen Fluss, meint Heraklit, vielleicht gibt es doch eine Wiederkehr und schließlich eine Rückkehr in die Zeitlosigkeit.

Es gibt noch eine weitere Verbindung zwischen Laotse und Heraklit, auch wenn wir Letzteren nur aus Fragmenten kennen und durch das, was andere von ihm oder über ihn gehört haben wollen. Ein Begriff hat in seinem Denken eine zentrale Rolle gespielt: der Logos. Auch er lässt sich nicht ohne weiteres übersetzen. Logos ist mehr als nur »das Wort«, es ist auch das Wort in der Bedeutung von Weltsinn. Heraklit drückt sich nicht analytisch, herleitend, erklärend aus, wie wir es heute gewohnt sind, sondern in Ganzheiten und Gegensätzen: »Das All ist eins: getrennt, ungetrennt, geworden, ungeworden, sterblich, unsterblich, Logos, Aion, [Ewigkeit], Vater, Sohn, Gott, Gerechtigkeit. Wenn ihr nicht auf mich, sondern auf den Logos hört, ist es weise, anzuerkennen, dass alles eins ist« (Capelle, 131). Die Welt ist aus einem Guss, der durch ein geistiges Prinzip zusammengehalten wird: durch den Logos.

Vor solchen Sätzen versagt unsere Logik und doch sind sie nicht unsinnig, denn wer über sie nachdenkt, hat die Chance, dass ihm ihr Sinn mit der Zeit einleuchtet: die unfassbare Wahrheit ist nicht in, sondern über den Begriffen und Gegensätzen verborgen. Sie steht über getrennt und ungetrennt, über geworden und ungeworden. – Es führt nicht weiter, das eine oder das andere einseitig zu behaupten, denn nur die Gegensätze lassen das Höhere ahnen. Die Einheit der Welt erfasst man im Logos, den Wilhelm Capelle auch als »Weltgesetz« und »lenkende Weltvernunft« und »Allnatur« deutet. Damit ist Heraklit nicht zu weit vom Tao des Laotse entfernt, das ebenfalls umfassend, unaussprechbar und undefinierbar ist.

Die göttliche Ursache in allen Dingen

Platons schöne Welt

»Den Schöpfer und Vater dieses Alls zu finden, das ist nun freilich schwierig und wenn ihn einer gefunden hat, so kann er ihn unmöglich allen mitteilen.«

Platon

Wem es gelingt, das Zufällige von Gott herzuleiten, der ist ein glücklicher Mensch.
Als Platon im Dialog »Timaios« seine Freunde über die Schöpfung diskutieren ließ, stellte er sie in eine durchaus irdische Atmosphäre. Nicht abgehoben in höheren Sphären, sondern mitten im Athener Alltag fanden seine Gespräche statt.
Das Werk beginnt so:

Sokrates: Einer, zwei, drei – wo bleibt denn aber unser vierter Mann, lieber Timaios, von denen, die gestern unsere Gäste waren und nun heute unsere Gastgeber sind?
Timaios: Er muss plötzlich krank geworden sein, Sokrates; denn von selbst würde er gewiss nicht auf unsere Unterhaltung hier verzichten.
Sokrates: Dann ist es nun wohl die Aufgabe von dir und von euch allen, auch den Platz des Abwesenden auszufüllen?

Timaios: Ja, gewiss, und soweit wir das vermögen, wollen wir es an nichts fehlen lassen.

Wie auch in vielen seiner anderen Dialoge holt Platon seine Theorien auf die Erde herunter. Sie werden nicht in abgehobenen, schwierigen Begriffen einfach vorgetragen, wie das heute längst üblich ist, sondern im Gespräch in lebensnahen Worten und Beispielen erörtert. Im »Timaios« geht es um die Schöpfung. Ihr nähert man sich gedanklich nicht durch Übernahme einer verbindlichen Glaubensaussage, sondern durch gemeinsames Nachdenken. Diesem liegt zumindest mittelbar die in Delphi geforderte Selbsterkenntnis zugrunde, denn sie ist eines der wichtigsten Fundamente der platonischen Philosophie: Der Mensch lernt, indem er versucht, sich an das in ihm aus der Zeitlosigkeit stammende verborgene Gedankengut zu erinnern. Bevor Timaios dem Sokrates und zwei weiteren Freunden seine Schöpfungsphilosophie vorträgt, spricht er eine Weisheit aus, die auch späteren Denkern gut anstehen würde: »Wir müssen die Götter um eine Rede bitten, wie ihr sie am leichtesten verstehen könnt und wie ich meine Gedanken um unseren Gegenstand am besten ausdrücken kann.« Er war daher auf eine Sprache angewiesen, in der es noch nicht einmal Worte für Zukunft, Gegenwart und Vergangenheit gab und man sich mit Umschreibungen wie das »Es war« und das »Es wird sein« behelfen musste.
Timaios berichtet nach einigen gedanklichen Verzweigungen, die Welt sei das Werk eines »Demiurgen«, eines namenlosen Weltenschöpfers. Zur Frage, wie das Werdende zustande kommt, spricht Timaios von zweierlei Ursachen und greift damit in einen philosophischen Streit ein, der bis in unsere Tage fortgeführt wird. Wäh-

rend Naturwissenschaftler heute entweder notwendige oder zufällige Ursachen anerkennen, geht Timaios einerseits von notwendigen und andererseits von göttlichen Ursachen aus. Da die damalige Welt, zumindest in dieser Hinsicht, schon gleich reagiert hat wie heute, kann man daraus folgenden Schluss ziehen: Über die notwendigen Ursachen sind wir uns einig, sie folgen aus der bestehenden Ordnung und den unveränderlichen Gesetzen. Die Früchte reifen in der Sonne, der Wind trägt Regenwolken herbei, das Wasser fließt den Berg hinunter. Das muss so sein, anders geht es nicht. Die anderen Ursachen, das Unerwartete, das Unerklärliche, das Schicksalhafte, können nur zufällig und zugleich göttlich sein.

Offensichtlich gab es da für Platon keinen Unterschied: Das Göttliche zeigt sich im Zufälligen. Wo wir keine Notwendigkeit erkennen können, muss oder kann die Ursache von den unsichtbaren Göttern stammen. Die von einem Schöpfer zunächst geschaffenen, abstrakten Urbilder oder Ideen verwirklichen sich nach und nach in der Welt. Was entsteht, richtet sich also nach einer virtuellen Idee. Sie realisiert sich durch Zufälle oder durch bewusstes menschliches Eingreifen.

Der Schreiner, der einen Stuhl anfertigt, ist dazu nur in der Lage, weil es diesen Stuhl als Idee schon gibt. So werden Ideen durch einen Finalnexus (Zielverbindung) in der Wirklichkeit umgesetzt. Solche dem Denken Platons zugrunde liegenden Einsichten haben in der Rede des Timaios eine überraschende und bis heute aktuell gebliebene Pointe: »Nach der göttlichen [Ursache] muss man in allen Dingen suchen, um so ein glückliches Leben zu erwerben.« Wer sie findet, wird also belohnt. Diesen Gedanken kann man so verstehen: Das Zufällige erscheint uns nicht von vornherein zwingend göttlich, sondern nur

dann, wenn wir selbst in unserem Suchen es als göttlich erkennen können. Wem es gelingt, im Glück und im Missgeschick, in allem, was ihm sonst begegnet, den göttlichen Willen zu erkennen, der führt ein glückliches Leben, denn er kann selbst auch sein Leiden als Ausfluss göttlicher Vorsorge erkennen, er erlebt die Geborgenheit im Kosmos. Wenn man diesen Gedanken verinnerlicht und in sein Leben als Grundsatz übernimmt, dann bleibt es unsere Aufgabe, in allen zufälligen Ereignissen, den Weltsinn zu erspüren. Es geht dann um das Vertrauen, dass die Zufälle göttlichen Ursprungs sein müssen, auch wenn sie uns zunächst als das Gegenteil erscheinen wollen. Dann wird auch die Evolution verständlich: Ideen, Urbilder, das Seiende, wie man es auch benennen mag, das abstrakte Werden-Sollende greift aus der Zeitlosigkeit in die Gegenwart ein, um sie nach dem Urmuster zu gestalten: »Vorbild für alles, was entsteht, ist ein Seiendes, das die ganze Ewigkeit dauert.« Umgekehrt folgt daraus: Wer den im Zufälligen wirkenden Impuls aus der Ewigkeit nicht sucht oder nicht wahrnimmt, für den bleibt die Schöpfung ein Chaos, der kann sich nicht an ihr erfreuen und damit auch nie im Leben wirklich glücklich sein. Denn die reale Welt ist, so verstanden, das Abbild einer geistigen, zeitlosen idealen Welt, die als Vorbild dient. Daraus kann auch im Irdischen nur eine vollkommene Welt entstehen. Was geschieht, sei es durch Naturgesetze, Zufall oder menschliches Handeln, dient nur dem einen, die Welt nach dem ideellen Vorbild zu gestalten: »Es ist also jedem klar, dass der Schöpfer auf das Ewige geblickt hat; denn die Welt ist das Schönste von allem Gewordenen und er ist der beste von allen Urhebern.«
An dieser Stelle können wir einhaken und dem Altmeister Platon anmerken, dass er vielleicht nicht ganz logisch

gedacht oder geschrieben hat. Die Welt als »Schönstes von allem Gewordenen«, wie soll denn dies zu verstehen sein, gibt es denn Gewordenes außerhalb der Welt? Vermutlich war der Satz so gemeint: »Eine schönere Welt als die Gewordene kann es nicht geben.« Diese Behauptung ist immer noch eine große Provokation. Gewiss, Athen unter der in frischem Glanz strahlenden Akropolis, mit seiner demokratieähnlichen Verfassung, mit seinen Sportstätten, Theatern, Dichtern und Denkern, inmitten blühender Landschaften, das kann damals schon die Bühne für eine vollkommene Welt gewesen sein. Doch jeder wusste es, auch damals, dass es hinter den Kulissen anders zuging, dass es Sorge, Not, Kummer und Krankheit gab und dass Feinde, und seien es nur die Spartaner, den Frieden bedrohten. Dennoch, der Glaube an die schönstdenkbare Welt ist ein fester Bestandteil im menschlichen Denken geblieben. Möglich ist er nur, wenn man dem Schöpfer alles Guten auch dann uneingeschränkt vertraut, wenn er Unheil schickt. Spätere Denker hatten mit der Schönheit und Vollkommenheit der Welt so manche Probleme.

Ist die Welt wirklich so schön?

Hans Jonas und Viktor E. Frankl: Der machtlose Gott und die Welt aus dem Sinn

»Ich bin nicht religiös, aber ich habe mich sehr viel mit dem jüdischen Gott beschäftigt. (...) Ich habe letztlich gefunden, dass Gott, wie ich ihn kenne, ein Versager ist. Wenn man die Bibel liest, was ich sehr gerne tue, sieht man: Er erfindet die Welt und alles geht immer schief.«

George Tabori

Was der aus Ungarn stammende Regisseur und Dramatiker George Tabori als 89-Jähriger in einem Interview sagte, passt wirklich nicht zu Platons Welt, die angeblich das Schönste ist, was es geben kann. Kommt hier Altersweisheit mit bitterem Nachgeschmack zu Wort oder spricht da einer, der es im Lauf der Jahrzehnte gelernt hat zu resignieren, trotz vieler Erfolge, die er im Leben hatte? Wenn es wirklich ernst gemeint sein sollte, was Tabori hier im Plauderton von sich gab, dann muss ja die Schöpfung und was aus ihr folgte gründlich danebengegangen sein. Der Weltenbau als Pfusch? Offensichtlich steht in Taboris Bibel etwas anderes als in den Normalausgaben. Dort wird der Schöpfer in höchsten Tönen gelobt, auch wenn er gelegentlich nachbessern muss. Auch er selbst war mit seinem Werk, solange noch niemand – außer den Engeln – ihm Beifall zollen konnte, zufrieden. Immer wieder heißt es: »Und Gott sah, dass es gut war.« Hier steht also Aussage gegen Aussage. Wer hat nun Recht: Tabori oder der Schöpfer selbst, wie ihn die biblischen Chronisten schildern?

Betrachten wir zunächst zwei prominente Denker als Bewunderer der Schöpfung: Spinoza und Leibniz. Die beiden Zeitgenossen im 17. Jahrhundert, die sich auch einmal persönlich begegnet sind, verband eine Idee, die sie allerdings auf höchst unterschiedliche Weise zu Papier brachten: Es war die These von der Güte und Allmacht Gottes. Spinoza versuchte, alles, was er dachte, zu beweisen. Dazu konstruierte er ein System der Ethik auf geometrische Weise. In diesem ging er von Gottes Allmacht aus und folgerte: »dass Gott nicht bloß die Ursache ist für den Anfang und die Existenz der Dinge, sondern auch für deren Beharren in der Existenz« (24. Lehrsatz, Folgesatz). Daraus leitet er dann ab: »In der Natur gibt es nichts Zufälliges, sondern alles ist aus der göttlichen Natur heraus bestimmt« (29. Lehrsatz). Logisch folgt dann daraus auch diese Erkenntnis: »Es geschieht nichts in der Natur, was ihr als Fehler angerechnet werden könnte« (Einleitung zu Teil III). Es kann also logischerweise nichts »schief« gehen. Wenn auch Spinozas »geometrische Beweise« oft nichts anderes sind als Zirkelschlüsse, indem er eine von ihm selbst aufgestellte These zum Beweis einer Behauptung heranzieht, die aus ihr folgt, so steckt in seiner Ethik doch manche Weisheit. Der bestimmt nicht auf der Sonnenseite der Welt lebende Spinoza hatte zwar einige Anhänger und Bewunderer, aber noch mehr Feinde, doch von seinem Glauben an die Wohlgelungenheit der Schöpfung ließ er sich genauso wenig abbringen wie Leibniz. Auch dieser ging von Gottes uneingeschränkter Güte und Allmacht aus. »Gott tut das Beste von allem Möglichen«, so schreibt er in seiner französischen Schrift »Die Theodizee von der Güte Gottes, der Freiheit des Menschen und dem Ursprung des Übels« (381). Wenn wir etwas als unvollkommen und hässlich empfinden, so rührt das daher, dass wir nur Bruchstücke erkennen können und nicht den ganzen Plan. »Erblicken wir einen zerbrochenen Knochen, ein Stück Fleisch von einem Tier, einen abgerissenen Zweig von einer Pflanze, so schaut uns nur Unordnung daraus entgegen« (435). Diese Bruchstücke sind Teile einer vollendeten Einheit, die wir manchmal nicht erkennen können, weil uns der Überblick fehlt. Also ist auch das Schlimme, das in der Welt geschieht, nur ein unvollkommener Ausschnitt aus einem großen Ganzen, das in sich vollkommen ist. Die Schöpfung ist und bleibt vollkommen, auch wenn wir in unserer unvollkommenen Erkenntnis das nicht wahrnehmen können.

Ganz anders dachte dreihundert Jahre später ein anderer Denker. 1984 hielt der damals 81-jährige Philosoph Hans Jonas (1903–1993) in Tübingen einen Vortrag anlässlich einer Preisverleihung durch die Evangelisch-theologische Fakultät der Eberhard-Karls-Universität. Der Titel des Vortrags »Der Gottesbegriff nach Auschwitz – eine jüdische Stimme« wurde geradezu zum Schlagwort und setzte eine lang anhaltende Diskussion in Gang, die bis heute noch nicht abgeschlossen ist. Die von Jonas gebrauchten Begriffe vom »leidenden Gott« und vom »werdenden Gott« wären bei Spinoza und Leibniz sicher auf grundsätzliche Ablehnung gestoßen. Wie kann Gott, der die Natur in ihrer herrlichen Vollkommenheit geschaffen hat und die Welt bis ins Detail lenkt, leidend sein? Jonas geht noch weiter. Er behauptet: »Dies ist nicht ein allmächtiger Gott!« Jonas stand vor dem unlösbaren Dilemma, das die Menschen seit Anbeginn nicht loslässt: Ist

Gott zugleich gut und allmächtig, dann darf es kein Leiden auf der Welt geben. Wenn es dennoch dieses Leiden gibt, dann ist er entweder nicht gut oder nicht allmächtig. Im Alten Testament half man sich mit dieser These: Die Schicksalsschläge und Unbilden der Natur verdanken die Menschen ihrem eigenen Ungehorsam, sie sind eine Strafe, Warnung oder Versuchung Gottes. Zu dieser Theologie wollte sich Jonas nicht bekennen, obwohl sein Vortrag den Untertitel »eine jüdische Stimme« trug. Er argumentierte so: »Wenn aber Gott auf gewisse Weise und in gewissem Grade verstehbar sein soll (und hieran müssen wir festhalten), dann muss sein Gutsein vereinbar sein mit der Existenz des Übels, und das ist es nur, wenn er nicht *all*-mächtig ist.« Diese Einschränkung hat einen weiteren, einleuchtenden Grund: »Im bloßen Zulassen menschlicher Freiheit liegt ein Verzicht der göttlichen Macht.« Jonas fasst das noch konkreter: »Durch die Jahre des Auschwitz-Wütens schwieg Gott.« Er griff nicht ein, »nicht, weil er nicht wollte, sondern weil er nicht konnte«.

Problematisch an dieser eindrucksvollen These ist allenfalls die Annahme, ein solcher Gottesbegriff sei erst nach Auschwitz notwendig geworden. Hass, Morden, Brutalität, das Vernichten ganzer Völker und Glaubensgemeinschaften, das hatte es zu allen Zeiten gegeben, womit nicht das besondere Ausmaß der Auschwitz-Verbrechen relativiert werden soll. Die menschliche Natur artet immer wieder in grauenvolle Exzesse aus. Neu hinzu kam im 20. Jahrhundert nur die industrielle Kälte, mit der das Morden vom Schreibtisch aus gesteuert werden konnte, wie es dann Stalin und Mao mit ganzen Schichten ihres Volkes betrieben und wie es auch in Hiroshima geschehen konnte. Spinoza kannte noch von seinen El-

tern her die brutale Judenverfolgung, die seine Familie aus Portugal in das liberalere Holland getrieben hatte. Auch die Kunde von der so genannten Bartholomäusnacht zum 24. August 1572, in der die später aufgrund ihrer doch recht zweifelhaften Verdienste um den Glauben heilig gesprochene Katharina von Medici ein Massaker anordnete, in dem tausende von Hugenotten niedergemetzelt wurden. Die Berichte solcher Gräuel hatten sich zumindest unter den Gebildeten herumgesprochen. Ganz zu schweigen vom Dreißigjährigen Krieg mit seinen Massakern. Leibniz und Spinoza müssen über vergleichbare Probleme wie Jonas gegrübelt haben. Wenn sie zu einem so völlig unterschiedlichen Ergebnis kamen, dann könnte das vielleicht daran liegen, dass sie einen anderen Ausgangspunkt in ihrem Denken hatten.
Aus diesem Grund sei hier eine weitere jüdische Stimme zitiert. Ein Zeitgenosse von Hans Jonas war der Wiener Professor für Neurologie und Psychiatrie Viktor E. Frankl (1905–1997). Im Gegensatz zu Jonas, der 1933 aus Deutschland emigriert war, kam Frankl in ein Konzentrationslager, das er überlebte. Kurz nach der Entlassung 1945 schrieb er seinen Bericht »Ein Psychologe erlebt das Konzentrationslager«. Als Buch ist er erschienen unter dem Titel »… trotzdem Ja zum Leben sagen«. Außer dem Tod blieb Frankl damals keine Schikane und keine Qual erspart. Einer seiner Gedanken muss ihm die psychische Kraft verliehen haben, das Martyrium in einem KZ zu überstehen: »Wenn Leben überhaupt einen Sinn hat, dann muss auch das Leiden einen Sinn haben.« Diesen Gedanken führt er dann noch etwas näher aus: »In der Art, wie ein Mensch sein unabwendbares Schicksal auf sich nimmt, mit diesem Schicksal all das Leiden, das es ihm auferlegt, darin eröffnet sich auch noch in den schwierigsten Situ-

ationen und noch bis zur letzten Minute des Lebens eine Fülle von Möglichkeiten, das Leben sinnvoll zu gestalten« (110). Frankl beendet seinen Bericht mit diesem Satz: »Gekrönt wird aber all dies Erleben des heimfindenden Menschen von dem köstlichen Gefühl, nach all dem Erlittenen nichts mehr auf der Welt fürchten zu müssen – außer seinen Gott« (148).

Aus solchen Äußerungen ist zu entnehmen, wie sehr sich die Gottesbegriffe und das Bild der Schöpfung bei Jonas und Frankl unterschieden. Man kann sogar vermuten, dass einige das KZ nicht überlebt hätten, wenn sie vom schlafenden oder wegschauenden Gott überzeugt gewesen wären. Zumindest wären ihre psychischen Qualen unendlich größer gewesen. Frankl weiß das, wenn er schreibt: »[Der Mensch] ist das Wesen, das immer *entscheidet*, was es ist. Er ist das Wesen, das die Gaskammern erfunden hat; aber er ist zugleich auch das Wesen, das in die Gaskammern gegangen ist, aufrecht und ein Gebet auf den Lippen« (139). Vielleicht ist es das Größte und immer unlösbare Paradoxon aller Religion, dass ein Mensch selbst noch in der Stunde seines qualvollen Todes von Gottes Güte und Allmacht überzeugt sein kann.

Möglicherweise kann man solchen Widersprüchen im Denken und im Glauben näher kommen, wenn man sich von einem logisch verstandenen Gottesbegriff löst, wenn man die Widersprüche nicht als etwas Vernichtendes auffasst, sondern als eine Aufgabe, die nur jenseits der Logik gelöst werden kann. Daraus folgt die grundlegende Erkenntnis von Blaise Pascal: »Nichts ist der Vernunft so angemessen wie das Nichtanerkennen der Vernunft« (272). Mit diesem paradoxen Grundsatz, der in kein logisches System passt, muss der glaubende und der forschende Mensch umgehen können.

Die zwei Gesichter des Schöpfers

E. M. Cioran: Die gute und die böse Schöpfung

»Es ist schwer, es ist unmöglich zu glauben, dass der gute Gott, der ›Vater‹, mit dem Skandal der Schöpfung etwas zu tun hatte. Alles drängt zum Gedanken, dass er nichts dafür kann, dass sie auf einen anderen, skrupellosen Gott, einen korrumpierten Gott weist.«

Emile Michel Cioran

Wer das Böse einer bösen Macht zuschreiben will, denkt zu einfach, denn das Gute und das Böse lassen sich nicht trennen, es stammt oft aus der gleichen Quelle.

So geht es am leichtesten: Man muss nur einen bösen Gott haben, damit der liebe Gott wieder lieb sein darf. Der eine ist dann nur lieb, der andere nur böse. Der Mensch neigt zur Schwarzweißmalerei. Der Manichäismus war einst eine weit in der Welt verbreitete Religion. Der Perser Mani (ca. 215 bis 275 n. Chr.) soll der Gründer dieser gnostischen Religion gewesen sein, die in der Nachfolge Zarathustras, Buddhas und Jesu stand. Ihr berühmtester Anhänger war – vor seiner Taufe – Aurelius Augustinus, der römische Rhetoriklehrer in Mailand, der später Karriere machte als christlicher Kirchenvater. Nach der Lehre des Mani beginnt die Welt mit dem Kampf des Königs der Finsternis gegen den König der Lichtparadiese. So verstanden, könnten wir uns die Schöpfung

als das Ergebnis eines fortlaufenden Krieges einer guten mit einer bösen Macht vorstellen. Das Chaos weicht also nicht freiwillig der göttlichen Ordnung, sondern es verteidigt sich mit Zähnen und Klauen und dieser Kampf ist nie zu Ende. In diesem Krieg muss das gute Prinzip immer wieder eine Schlappe einstecken. Das Böse auf der Welt beruht auf den Siegen der Mächte der Finsternis. Man muss Mani zugestehen, dass seine Konstruktion etwas Bestechendes hat, bis heute, obwohl es den Manichäismus längst nicht mehr gibt.
Nach dem Toleranzedikt von Mailand (313), mit dem Kaiser Konstantin das Christentum offiziell als gleichberechtigt anerkannte, nahm der Einfluss der Christen zu, sie verfuhren in den folgenden Generationen mit den verbliebenen Heiden ebenso intolerant, wie diese zuvor mit den Christen umgegangen waren, wenn auch ohne Schaukämpfe mit hungrigen Löwen. Die Mächte der Finsternis mussten mit einem Überleben in finsteren Winkeln vorlieb nehmen. Doch die Idee des Mani taucht immer wieder auf, wenn auch in gewandelter Form, z. B. bei den Katharern (Ketzer) im 12. Jahrhundert.
Der in Paris lebende, aus Rumänien stammende Essayist und Philosoph Emile Michel Cioran (1911–1995) war ein »Negativist«, ein Mensch, der seit seiner Jugend unter Schlaflosigkeit und wiederkehrenden Ekstasen litt. Sein Leben war von der Obsession des Todes gekennzeichnet und von einem alles durchdringenden Unbehagen am Dasein. Eigentlich lehnte er alles ab, nicht nur die Ehe und das Kinderkriegen, sondern sogar literarische Preise, die ihm zugedacht waren. Er wurde einmal als einer der trübsinnigsten Menschen des 20. Jahrhunderts bezeichnet. Solche Attribute erklären ihn jedoch nicht. Cioran verfügte über eine scharf schneidende Intelligenz, die ihn

befähigte, auf geistige Gebiete vorzudringen, in die sich andere nicht wagten. Sein Buch »Die verfehlte Schöpfung« zeigt ihn in mancher Hinsicht als einen Nachfolger Nietzsches. Natürlich war Cioran kein wieder auferstandener Manichäer, doch seine Zweiteilung der Mächte ist ein auch in unserer Zeit interessanter Beitrag, wenn wir über die Schöpfung nachdenken.
Cioran drückt sich so aus: »Die Güte schafft es nicht, ihr mangelt es an Phantasie; deren bedarf es aber, um eine Welt herzustellen, wie hingepatzt sie auch sei. Notfalls mag eine Tat oder ein Werk aus der Mischung von Güte und Bosheit erstehen. Oder ein Weltall. Vom unsrigen aus ist es jedenfalls bedeutend leichter, auf einen anrüchigen als auf einen ehrenwerten Gott zu tippen.« Der Kampf um die Schöpfung, meint Cioran, sei der Kampf zwischen dem Guten der Trägheit und dem Bösen der Neuerung. Das Böse habe sich dabei mit dem Guten angesteckt, das sei der Grund, warum die Schöpfung nicht durchweg böse sein konnte.
Man mag Ciorans geistreiche Sentenzen als intellektuelle Spielerei ansehen, immerhin war seit Urzeiten bekannt, dass der Schöpfer nicht einfach nur gut und lieb sein konnte, sondern ein Wesen hat, dem man, wie Meister Eckhart lehrte, keine Eigenschaften zuschreiben darf. Doch welche Worte sollten wir denn verwenden, wenn wir gar nichts über ihn auszusagen haben? Wir sehen, dass dieser Schöpfer in der Sintflut die gesamte von ihm erzeugte damalige Menschheit mit Ausnahme von Noah und seiner Familie wieder vernichtet. Wir erkennen eine grausame Natur, die die Tötung anderer als eines der obersten Lebensprinzipien installiert hat. Das ist nicht nur der Löwe, der die Gazelle reißt, sondern das sind Völkerstämme, in deren Natur es zu liegen scheint, sich

gegenseitig ausrotten, um Platz zu schaffen für den eigenen Nachwuchs. Wo es keine Kriege gibt, müssen Seuchen herhalten, um die Menschen an ihrer ungezügelten Vermehrung zu hindern. Wo dies nicht reicht, sorgen Dürre- und Hungerperioden, Erdbeben und Vulkanausbrüche für das Dahinschwinden von Menschenmassen. Haben wir angesichts solcher Zustände, wie Hans Jonas feststellte, keine andere Wahl, als zu denken: Entweder ist Gott gut und nicht allmächtig oder allmächtig und nicht gut? Beides kann er angesichts dieser Welt nicht sein.

Die Ethik des Alten Testaments geht davon aus, dass das Unheil eine Strafe Gottes für den abtrünnigen, sündhaften Menschen ist. Der im 90. Psalm zum Ausdruck kommende Glaube ist scheinbar kontrovers und bildet doch eine Einheit. Zunächst heißt es: »Herr, du bist unsre Zuflucht für und für. Ehe denn die Berge wurden und die Erde und die Welt geschaffen wurden, bist du Gott von Ewigkeit zu Ewigkeit.« Es wird der schützende Schöpfer angefleht. Der bedrohte Mensch findet bei ihm Zuflucht. Doch die Vergänglichkeit des Menschen wird nicht auf Gottes Bosheit zurückgeführt, sondern auf seine Gerechtigkeit. Denn der Mensch verdient es nicht anders: »Das macht dein Zorn, dass wir so vergehen, und dein Grimm, dass wir so plötzlich dahinmüssen. Denn unsere Missetaten stellst du vor dich, unsere unbekannte Sünde ins Licht vor deinem Angesicht.« So verstanden bleibt der Schöpfer gut trotz des Leids, das allen Menschen täglich droht, weil es der Mensch angeblich nicht anders verdient.

Wollte man diesen in so vielen Geschichten des Alten Testaments geschilderten Glauben bis in unsere heutige Zeit verlängern, dann könnte man folgern: Dem über-

triebenen Fleischgenuss in westlichen Ländern und der quälerischen Geflügelhaltung folgten bei dieser Betrachtungsweise Rinderwahnsinn, Schweinepest und Vogelgrippe. Die Ablehnung jeglicher sexueller Ethik hätte Geschlechtskrankheiten und AIDS zur Folge, die zunehmenden Klimaprobleme haben menschliche Schuld zur Ursache usw. Selbst den Terroranschlag des 11. September könnte man dann nicht nur als Werk einer verbrecherischen Terroristenbande ansehen, sondern auch als göttlichen Fingerzeig auf die Haltung der USA gegenüber den Völkern bewerten, die sich der selbstherrlichen amerikanischen Lebensweise nicht unterordnen wollen, ganz zu schweigen von der deutschen Geschichte im 20. Jahrhundert mit unermesslicher Schuld und wohl noch nicht abgeschlossener Sühne. Bei dieser Denkweise müsste man aber wieder den unpersönlichen Schöpfer unterstellen, der mit solchen Maßnahmen nicht den einzelnen Menschen bestraft, weil ja immer viele Unbeteiligte getroffen werden, sondern dass jeweils eine dominierende Lebenseinstellung verurteilt werden soll.
Dass wir uns heute diese logische Fortschreibung der Denkweise des Alten Testaments zu Eigen machen sollten, sei hier nicht behauptet. Mit allem Nachdruck muss das gesagt sein. Es geht nur darum, uns klar zu machen, wie das Volk Israel in biblischer Zeit Katastrophen bewertet hat. Da die Hebräische Bibel als Altes Testament auch für Christen ein Teil der Heiligen Schrift ist, bliebe ihnen eigentlich nur die Wahl, sich von der alttestamentarischen Ethik des ohne Ansehen des Einzelnen strafenden Gottes ausdrücklich loszusagen oder vielleicht doch über die Konsequenzen aus heutiger Sicht wieder einmal nüchtern nachzudenken.
Der strafende, unpersönliche Gott, der die Unschuldigen

mit verurteilt, um die globale Gerechtigkeit wieder herzustellen, ist nur die eine Seite. Daneben gibt es den väterlichen, auf jedes Gebet eingehenden, den tröstenden und helfenden Schöpfer. Er, dem man sich auch in Not und Verzweiflung anvertrauen kann, ändert die Welt nicht objektiv. Ist er gegenüber dem Weltenschöpfer ein anderer oder hat er nur uns gegenüber eine andere Funktion, ein anderes Gesicht? Die Hilfe, die von ihm kommen kann, braucht keine Änderung der objektiven Umstände zu sein, wohl aber die Änderung unserer Sichtweise, bei Viktor E. Frankl haben wir das ja gesehen. Die Unterordnung unter den göttlichen Willen kann eine erlösende Wirkung haben, selbst wenn die Not bleibt. Diese Erfahrung wurde seit Menschengedenken immer wieder gemacht. Ohne sie wären Religionen in unserer Zeit längst ausgestorben. Wenn göttlicher und menschlicher Wille im Einzelfall übereinstimmen, dann kann dem Menschen kein Unheil geschehen, denn selbst der Tod wäre dann eine akzeptierte Folge. Cioran schreibt: »Was uns Not täte, das wäre die Gabe, uns die Möglichkeit des Gebetes vorzustellen, die jedem, der sein Heil sucht, unentbehrlich ist. Die Hölle, das ist die Unvorstellbarkeit des Gebets.« Aus dieser von Cioran geschilderten Hölle kann uns der Schöpfer befreien. Es liegt am einzelnen Menschen, diesen Ausbruch aus der Hölle zu erbitten.

Die Geistesgegenwart der Welt

Teilhard de Chardin und Frank J. Tipler auf der Suche nach der endgültigen Welt

»Das Universelle und das Persönliche schließen einander keineswegs aus, sondern sie schreiten in derselben Richtung fort und erreichen zugleich miteinander ihren Höhepunkt.«

Pierre Teilhard de Chardin

Der Mensch ist so frei wie der Fisch im Schwarm. Und wenn er im Netz gefangen ist, denkt er noch nicht daran, dass es aus dem Wasser gezogen wird.

Die Welt ist auf dem Weg zum Höhepunkt und wir ärmlichen Menschen sollen dafür sorgen, dass dies gelingt. Wie kommt solcher Optimismus zustande? Einer allein schafft es nicht und die Massen driften scheinbar auseinander. Jeder strebt nach dem Persönlichen und kümmert sich nicht um das Universelle, könnte man annehmen. Doch die Wirklichkeit lässt uns andere Bilder sehen. Es gibt ein eindrucksvolles und zugleich bedrückendes Stück Literatur, das uns zeigt, wie das Universelle und das Persönliche ineinander übergreifen und einen Menschen aus seinem Ich zu drängen scheinen, auch dann, wenn es ein unheimlicher Moment in seinem Leben ist. Es geht dann nicht immer um das Universelle der ganzen Welt, es kann auch um das Universelle eines Volkes, ja selbst um das einer kleineren menschlichen Gemeinschaft gehen, vielleicht auch um eine Massenhysterie.

Den Sommer 1914 verbrachte der damals achtzehnjährige Carl Zuckmayer (1896–1977) zusammen mit seinen Eltern in einem holländischen Seebad. Es drohte Krieg. Carl, der schon gelegentlich Gedichte verfasst und vergeblich an Zeitungen geschickt hatte, schrieb angesichts der Gefahr eine Reihe von expressionistischen Gedichten, in denen er vor Kriegsbegeisterung warnte. »Einmal, wenn alles vorüber ist / Werden Mütter weinen und Bräute klagen / … / Uns aber brach es das Herz entzwei / Und wir müssen unser Lebtag die Scherben tragen.«
Der hoffnungsvolle junge Dichter schickte ganz unbescheiden die Verse an die »Frankfurter Zeitung«. Tags darauf folgte die Aufforderung an alle Deutschen, die sich im Ausland aufhielten, sofort in die Heimat zurückzukehren. Der Urlaub wurde abgebrochen. Auf der Rückfahrt geriet Zuckmayer in den Strudel der patriotischen Gefühle. »Mit jedem Kilometer, den wir in deutsches Land fuhren, ging etwas in mich ein – nicht wie eine Infektion, eher wie eine Strahlung, wie ein nie verspürter, prickelnder Strom, als ob man, die Hände an die Kolben einer Maschine gelegt, elektrisiert würde. (…) Eine trancehafte Lust, fast Wollust des Mit-Erlebens, Mit-Dabeiseins.« Es war, wie Zuckmayer in seiner Autobiografie »Als wär's ein Stück von mir« (1966) schrieb, ein Zustand von Überhellung und Euphorie. In der Kölner Bahnhofshalle wimmelte es von Menschen. Soldaten in Uniform marschierten, Marschmusik erdröhnte überall. Zu Hause in Mainz erwarteten Zuckmayer zwei Überraschungen. Der erste Brief aus Frankfurt kündigte den Druck seiner Gedichte an. Doch der Dichter konnte sich darüber nicht freuen, obwohl damit eigentlich ein kühner Wunschtraum in Erfüllung gegangen wäre. Doch seine eigenen Gedichte waren ihm in wenigen Stunden fremd

geworden. Der andere Brief aus Frankfurt enthielt die Rücknahme dieser Zusage. Auch den Redakteuren waren die Gedichte nicht mehr zeitgemäß erschienen, nachdem die allgemeine Stimmung plötzlich umgeschlagen hatte. Zuckmayer, der zwei Tage zuvor zu einer Holländerin gesagt hatte: »Nie werde ich in einen Krieg gehen«, wollte davon jetzt nichts mehr wissen. Er meldete sich als Freiwilliger.

Wer diese äußerst präzise Schilderung einer psychischen Umwandlung oder gar Überrumpelung innerhalb von Stunden vernimmt, der weiß, wie gering menschliche Eigenständigkeit und Freiheit in Wirklichkeit sein können. Schließlich war der junge Dichter nicht der Einzige, dem es so erging. Es war gerade umgekehrt, der Aufbruchtaumel erfasste alle. Um sich einer Massenpsychose zu entziehen, braucht es eine große geistige Kraft, eine gefestigte Persönlichkeit, die zumal jungen Menschen normalerweise nicht gegeben ist. Schon neunzehn Jahre später konnten die Deutschen wieder erleben, wie die Massen mobilisiert wurden und wie »einwandfrei« das funktionierte. Ein eindrucksvolles Zeugnis, wie sich ein Mensch diesen Zwängen dennoch entgegenstellte, liefert Sebastian Haffner in einer schon 1939 geschriebenen und erst nach seinem Tod veröffentlichten Schilderung der geistigen Überrumpelung der Deutschen durch Hitler und seine Gefolgschaft (»Die Geschichte eines Deutschen«, 2001). Haffner war einer der wenigen Fische, denen es gelang, aus dem Netz zu fliehen, bevor es aus dem Wasser gezogen wurde. Und in welchem Netz sind wir heute gefangen?

Was mit einem Menschen, einer Familie, einem Volk oder der ganzen Menschheit geschieht, das ist zu einem Teil die Summe von Entscheidungen, die einzelne Menschen verantworten müssen, zu einem anderen, vermutlich größeren Teil muss eine unausgesprochene geistige Beeinflussung durch andere angenommen werden, die wie eine Hypnose auf den Einzelnen einwirkt. Freiheit ist ein relativer Begriff. Wir haben sie und wir haben sie nicht. Wir sind Endpunkt einer unendlichen eigenen Ursachenkette und zugleich Objekt der Kräfte, die von überall auf uns einströmen. Wir hängen, so gesehen, am Faden wie Marionetten; über sie herrscht eine Hierarchie von unendlich vielen Fäden. Anders gesagt: Wir halten uns für so frei wie ein Fisch im Wasser und schwimmen doch im Schwarm, selbst noch im Netz denken wir nicht daran, dass es aus dem Wasser gezogen wird. Jeder Staat, jede Gesellschaft lebt von Unterordnung und Anpassung, die sich täglich bewährt und bewahrheitet. Wir realisieren die von den Produzenten vorherbestimmte Einschaltquote bis hin in die intimsten Gefühle und Regungen. Und wenn wir selbst nicht darüber entscheiden, welchem Geist wir uns ergeben, dann werden andere uns diese Entscheidung abnehmen. Dann werden die Fäden zu Stricken. Die Verkennung der geistigen Abhängigkeiten, weil die Verbindungslinien mit naturwissenschaftlichen Methoden nicht oder nicht exakt gemessen und erklärt werden können, ist eigentlich ein Skandal. Uraltes, sicheres Wissen der Menschheit wird vom größten Teil der Forschung übergangen, weil Messgeräte für geistige Energie auf dem Markt nicht angeboten werden.

Pierre Teilhard de Chardin (1881–1955) verstand sich als Theologe und Naturwissenschaftler. In seinem grundlegenden Werk »Der Mensch im Kosmos« (Le Phénomène Humain) versuchte er darzulegen, dass die Welt und in ihr der Mensch sich in Richtung auf einen Endpunkt, den »Punkt Omega«, bewegen. Damit verletzte der Jesuitenpater nicht nur religiöse, sondern auch naturwissenschaftliche Tabus. Zeitlebens verhinderte sein Orden die Veröffentlichung des Buchs. Seine Thesen haben drei wichtige Grundlagen.

1. Die Einheit von physischen, psychischen und kosmischen Kräften. Das geht hin bis zu der geradezu anstößigen Annahme, Geist wirke letztlich auf vergleichbare Weise auf die Materie wie andere, messbare physikalische Kräfte.
2. Alle Seelen bilden ein Kollektiv. Wenn Teilhard von der »Vielheit individueller Reflexionen« spricht, die sich im »Akt eines einzigen, gleich gestimmten Bewusstseins sammeln und verstärken« (259), dann meint er damit nicht nur Modeströmungen oder übersteuerten Patriotismus wie beispielsweise in Deutschland 1914 oder in den USA 2001, sondern das Denken allgemein, vielleicht sogar das Denken der Menschheit, die »Einheit der Seelen« in einer »Mega-Synthese«. Als Voraussetzung für solche unbestreitbaren Phänomene verwendet Teilhard Begriffe wie »Bewusstseinskollektiv«, »unverrückbarer Zusammenhang aller Existenzen«, »Überseele«, »Zusammenfluss des Denkens« und »Einswerden der Seelen«.
3. Mensch und Kosmos haben eine Richtung, ein Ziel, einen Endpunkt, für den Teilhard den letzten Buchstaben des griechischen Alphabets einsetzt und den er daher den »Punkt Omega« nennt. Dies dürfte die gewagteste Hypothese sein, denn sie fordert einen umfassenden Optimismus.

Man könnte das Phänomen der sich vereinenden psychischen Kräfte auch als Geistesgegenwart der Welt be-

zeichnen. Alles wirkt in uns zusammen. Wir Menschen haben alle miteinander Erfahrungen aus fernen Frühzeiten, mit denen wir zumeist unbewusst umgehen. Finstere Mythen geistern durch unsere Träume, ja selbst manchmal durch wache Gedanken. Vielen Menschen gelingt es wieder, diese Verbindungslinien herbeizurufen.
Ein eindrucksvolles Beispiel für diese Verbundenheit hat Hermann Hesse in seinem Roman »Peter Camenzind« formuliert. Man kann, wie es der Romanheld ausdrückte, in den Abgrund der Dinge blicken. Dann sieht man mehr als nur Gegenstände und vernimmt mehr als nur Geräusche. »Ich hörte den Wind vieltönig in den Kronen der Bäume klingen, hörte Bäche durch die Schluchten brausen und leise stille Ströme durch die Ebene ziehen und ich wusste, dass diese Töne Gottes Sprache waren und dass es ein Wiederauffinden des Paradieses wäre, diese dunkle, urschöne Sprache zu verstehen.«
Man kann noch einen Schritt weitergehen, dahin nämlich, die Dinge der Natur nicht nur zu bewundern und zu belauschen, sondern mit ihnen Kontakt aufzunehmen. Der Baum wird dann zum Bruder, ja selbst die Blume. Anselm Grün drückt dies in religiöser Sprache aus: »Wenn ich eine Blume bewusst wahrnehme, werde ich in ihr das Geheimnis des Göttlichen entdecken. Sie ist nicht nur Materie, wohlgeformt, in ihr drückt sich auch Gottes Schöpferkraft aus« (Buch der Lebenskunst, 94). Es gibt immer mehr Menschen, die mit Pflanzen reden, sie als lebendiges, beseeltes Wesen betrachten und sie zum Leben im wahrsten Sinne des Wortes animieren. Dass solche Gedanken heute überhaupt wieder aussprechbar sind, ohne dass man diejenigen, die es beschreiben, von vornherein als Spinner bezeichnet, das ist das Ergebnis eines langsam und sicher um sich greifenden Sinneswandels,

der sich vermutlich im 21. Jahrhundert noch verstärken wird. Teilhard hätte einen solchen Satz noch nicht schreiben können. Der Sinneswandel besteht in der Abkehr von einem alles beherrschenden und für viele als einzige Weltanschauung geltenden Materialismus.

Eines ist bei solchen Betrachtungen wesentlich: Angesichts der Zeitlosigkeit spielt das kosmische Schicksal unserer Erde keine Rolle. Mag sie erkalten und verfallen oder erhitzen und verglühen, das Geistige ist über die Erde erhaben. Oder, wie Goethe gesagt hat: »Denn alles muss in Nichts zerfallen / wenn es im Sein beharren soll.« – Vielleicht, so könnte man dann fantasieren, gibt es die Erde schon längst nicht mehr und alles, was wir sehen und erleben, ist ein Film aus einer längst vergangenen Zeit oder Unzeit, der im Ewigen gespeichert ist und der für uns und mit uns abgespielt wird. Uns gibt der Film die Illusion, wir handelten wirklich, während die wahre Wirklichkeit aus einer zeitlos vergangenen Ewigkeit stammt.

Eine dem vergleichbare Fantasie hat auch der amerikanische Astrophysiker und Kosmologe Frank J. Tipler aus New Orleans. Sein Buch »Die Physik der Unsterblichkeit« (The Physics of Immortality, 1994) erregte mehr Verwunderung als wissenschaftliche Anerkennung.

Seine Grundannahme ist ganz einfach, um nicht zu sagen simpel: »Das menschliche Gehirn ist lediglich ein Gerät zur Informationsverarbeitung, die menschliche Seele ein von einem Gehirn genannten Computer durchgeführtes Programm.« Diese Aussage ist schon für sich allein eine Provokation, doch es kommt noch mehr. Tipler greift den Begriff Omegapunkt von Teilhard auf, eignet sich jedoch dessen Theorien nicht an. Der irdische Mensch wird eines Tages aussterben. Doch bevor dies geschieht, wird der Mensch so intelligente Computer bauen können, dass diese sämtliche Informationen der Menschheit speichern und im All verbreiten können. »Wenn der Aufstieg des Lebens hin zum Omegapunkt eine Tatsache ist, dann wird das am weitesten entwickelte Bewusstsein eines Tages zwangsweise nichtmenschlich sein. Die Erben unserer Kultur müssen eine andere Spezies sein und deren Erben wieder andere, ad infinitum bis hin zum Omegapunkt« (271). Das ist schon viel, doch es kommt noch besser: »Was bei der Auferstehung geschieht, ist nichts anderes als die Simulierung einer exakten Replik unserer selbst im Geist der Computer der fernen Zukunft« (282). Der Omegapunkt ist schließlich nichts anderes als der mit Mitteln der Informatik errechnete und somit bewiesene Gott, meint Tipler. Seit er das so genau weiß, lässt er sich auch als Theologe bezeichnen, wenn auch seine Theologie nur eine Sparte der Physik sein soll.

Tipler und sein Denken sind ein interessantes Phänomen im ausgehenden 20. Jahrhundert, ein Stück jüngste Denkvergangenheit aus einer geistig schon hinter uns liegenden Zeit. Es ist die konsequente Fortsetzung und der letzte Auswuchs dessen, was in der Renaissance begonnen hat, mit dem Streben, die Welt mit den Mitteln der rationalen Forschung, der Naturwissenschaft zu bezwingen. Tiplers Gott ist kein Objekt des Glaubens, er betont das ausdrücklich an mehreren Stellen seines Buchs, sondern eines der Forschung, so wie er sie versteht. Sein Omegapunkt ist tatsächlich einer: ein Endpunkt der Pseudorationalität, von der sich denkende Menschen immer weniger gefangen nehmen lassen.

Die Natur ist kein Salatbeet

Adalbert Stifter und die »jungfräuliche Wildnis«

»… sodass wieder die tiefe, jungfräuliche Wildnis entstand, wie sonst und wie sie heute noch ist.«

Adalbert Stifter

Wenn wir die Schöpfung lieben, dann können wir ihr das zeigen.

Im Jahr 1842 schrieb Adalbert Stifter (1805–1869) seine Erzählung »Der Hochwald«. Sie spielt in Stifters Heimat, irgendwo im Böhmerwald, in der Landschaft zwischen Moldau und Donau. Die äußere Handlung ist schnell skizziert. – Im Dreißigjährigen Krieg fürchtet ein verwitweter Freiherr um seine beiden Töchter, die einsam, doch behütet auf seinem Schloss leben. Die Schweden rücken allmählich näher und der Freiherr will die Mädchen in Sicherheit bringen. In einem weit abseits gelegenen und nur schwer zugänglichen Wald lässt er für sie ein Holzhaus errichten, in dem sie zusammen mit einer kleinen Dienerschaft ohne Gefahr die kriegerische Zeit überdauern können. Es kommt wie befürchtet, das freiherrliche Schloss wird gebrandschatzt. Doch mit dem Krieg geht auch die Gefahr vorüber. Der Vater baut sein Schloss wieder auf und kann seine Töchter aus dem »Hochwald« zurückholen.

Um die äußere Handlung geht es hier nicht, sondern um

ihren geistigen Hintergrund, in dem man meint, eine Symphonie von Stifters Landsmann Anton Bruckner zu vernehmen. Bei Stifter, für den die Romantik vorüber war, wird der Wald nicht zum Mysterium, sondern zu einem Refugium der Schöpfung, zur Quelle des Lebens, ohne dass er solche Ausdeutungen je ausdrücklich benennen würde. Das passte nicht zu seinem Stil. Mit Ehrfurcht und Bewunderung und natürlich in einem für uns heute vielleicht etwas geziert klingenden Stil werden die eigentlichen Abenteuer der Natur geschildert. Der im Wald lebende und naturerfahrene Betreuer und Beschützer Gregor zeigte den Mädchen »seinen« Wald: »... das allgemache Winterrüsten, das langbärtige Moos der Birken- und Tannenäste, die fliegenden Waldsamen, unter die dürre Hülle der Gräser und Blätter schlüpfend, das Abfallen der letzten Himbeeren und das Verkümmern der noch nicht gezeitigten; er zeigte ihnen an den Laubzweigen schon jetzt die Vorbilder der künftigen Frühlingsknospen in ihren braunen Panzern. Die Fichtengeschlechter standen unverändert in düstergrüne Mäntel eingehüllt, auf Eis und Schnee harrend.«

Dieser Wald wird nicht als kühle, starre Naturschönheit dargestellt, sondern als aktives Lebewesen. Die Pflanzen stehen nicht einfach herum, sie handeln. Da fliegt, schlüpft, fällt, verkümmert oder harrt überall etwas. An anderer Stelle wird der winterliche Wald geschildert: »Das Krachen, wenn eine Schnee- und Eislast bricht und die feste kalte Luft erschüttert – oder wenn sie nachts bei Lichte in der warmen Stube sitzen, kein Lüftchen um das Haus, oben aber Tauwind geht, dass die Wälder seufzen, und sie das ferne Wehen und Sausen bis in ihr Bette hören oder das Knarren und Girren der reibenden Stämme und vom Felsen das Brechen und Fallen der Lawine ...«

Diese Schilderung ist fern einer Romantik, die noch Waldgeister und Feen bemühen musste, um Stimmung zu schaffen. Sie verzichtet auf Ausdeutung, auf Symbole und Sprachbilder, es wird auch keiner modernen Waldesoterik gehuldigt. Hier ist der Realist Stifter am Werk: Es wird nur beschrieben, was sich sehen und befühlen lässt. Kein Wort darüber hinaus. Was ein Mensch dabei empfinden kann, das ist Sache der Leser; nichts wird ihnen eingeredet, kein Gefühl aufgedrängt.
Die Erzählung endet damit, dass der alte Gregor dem Wald, nachdem das Refugium verlassen ist, sein ursprüngliches Leben zurückgibt. »Westlich liegen und schweigen die unermesslichen Wälder, lieblich wild wie ehedem. Gregor hatte das Waldhaus angezündet und Waldsamen auf die Stelle gestreut; die Ahornen, die Buchen, die Fichten und andere, die auf dieser Waldwiese standen, hatten zahlreiche Nachkommenschaft und überwucherten diese ganze Stelle, sodass wieder diese tiefe, jungfräuliche Wildnis entstand, wie sonst und wie sie heute ist.«
Sicher hatte Stifter Rousseau gelesen, mit dessen nie wörtlich geäußerter These »Zurück zur Natur«. Rousseau ging es aber in erster Linie um gesellschaftliche Fragen und die Natur des menschlichen Zusammenlebens. Stifter erkannte die Gefahr, die der Natur droht, obwohl zu seiner Zeit, vor dem Einsetzen der industriellen Revolution in Mitteleuropa, diese Bedrohung im Vergleich zu heute äußerst gering erscheint. Als er an diesem Werk schrieb – 1842 –, sah er zwar schon, wie sich die Landwirtschaft ausbreitete und ehemals wilde Natur kultiviert und besiedelt wurde, doch erscheinen uns heute die damaligen Eingriffe in die »jungfräuliche Wildnis« als geradezu unbeachtlich. Es gehörte doch ein ordentliches Maß an Radikalität und Zukunftsvision dazu, dieses

Wiederherstellen der von der Schöpfung geschaffenen Natur zu beschreiben. Stifter forderte jedoch nicht zum Handeln auf, er erstellte kein Manifest, er zeigte nur seinen Hochwald und hat dadurch indirekt vieles bewirkt. Doch heute braucht es dazu deutlichere Worte.
Was nützt es, die Gefahr zu kennen, wenn sie ungelegen ist? Man verdrängt sie aus dem Bewusstsein mit dem Argument: Es wird schon irgendwie werden. *Man hofft, dass unsere heile Welt noch eine gute Weile hält!* Ohne den Kampf durch privat finanzierte Umweltverbände und Bürgerinitiativen wäre die Natur fast ohne Schutz trotz des Bestehens von Naturschutzbehörden, deren Bedenken häufig wirtschaftlichen Interessen geopfert werden. Natur findet nicht nur in abgegrenzten Wäldern und Hochmooren statt, sondern überall, wo man sie lässt. Die Natur holt sich das ihr überlassene Gebiet von selbst zurück. Man muss ihr nur ein wenig Zeit gönnen. Was hätte Stifter dazu gesagt, wenn er gesehen hätte, mit welcher technokratischen Gründlichkeit in der letzten Generation die Flurbereinigung in vielen Gegenden durchgezogen wurde. Hügel wurden platt gewalzt, Senken aufgefüllt. Aus Bächen wurden betonierte Rinnsale, aus Wegen Fahrstraßen. Hecken, Bäume und Büsche verschwanden und mit ihnen die Tiere, die in dieser Landschaft gelebt hatten. Aus Landschaften wurden Agrarflächen. Ganz zu schweigen in diesem Zusammenhang von der Rodung der Urwälder weltweit. Natürlich fordert eine moderne Landwirtschaft ihren Preis, aber vielleicht doch nicht gerade jeden. Bei solchen Eingriffen in die Natur aus der Sicht eines Reißbrettplaners fehlte zumindest ein Dialog mit ihr. Das lässt sich so verallgemeinern: wir müssen die Natur in gewissem Maße gebrauchen und wohl auch verbrauchen, müssen aber auch ihr We-

sen beachten. Wir dürfen es uns mit der Schöpfung nicht verderben. Wenn uns heute die Freude an der Natur vergeht, wenn Landschaften über Gebühr verhunzt werden, dann sind die Menschen zu weit gegangen. Der unbemerkte geistige Hintergrund solcher Maßnahmen ist auch hier eine Einstellung gegenüber Welt und Natur, die sich nicht an einer geistgewirkten Schöpfung orientiert. Der Umgang mit der Schöpfung fordert von uns in unserer Gesellschaft ein anderes Denken. Hans Lenk (Praxisnahes Philosophieren, 64) stellt scheinbar bescheidene Forderungen auf: »Vielleicht ist es nur die durch resignative Einsichten hindurchgegangene Haltung des Dennoch und eine verzweifelte Selbstverpflichtung auf Vernünftigkeit«, die wir brauchen. Schon damit wäre manches erreicht. Schließlich ist es in unseren Breiten gelungen, einen großen Teil der Wälder zu erhalten, auch wenn sie weitgehend von der Forstwirtschaft als unnatürliche Stangenplantagen angelegt wurden. Stifter schwärmte demgegenüber vom natürlichen Wald. Doch er war ein einsamer Rufer. Selbst dort, wo man mühevoll die Natur imitieren möchte, gelingt es nicht. Den künstlich wieder angelegten Fleckchen Wacholderheide auf der Schwäbischen Alb sieht man schon von weitem an, dass sie Menschenwerk sind. Die Schöpfung lehrt uns ein paradoxes Prinzip: Es ist die chaotische Ordnung. Sie ist weder mit der Logik noch mit einem Zufallsgenerator zu fassen. Wir missdeuten das Chaos so, wie wir das Zufallsprinzip im Grunde nicht verstehen. (Mathematiker werden hier möglicherweise widersprechen.) Der Sinn, der sich hinter der natürlichen Unordnung verbirgt, ist uns verschlossen. Der Mensch war im Lauf seiner Entwicklungsgeschichte nie darauf angewiesen, die Bedeutung solcher Ordnungen zu entschlüsseln, um überleben zu können.

Dennoch haben die Griechen den Begriff »Kosmos« nicht einfach als Weltall oder Universum verstanden, sondern als eine hohe Ordnung, auch wenn deren Sinn nie auszudeuten sein wird. Pythagoras soll der Erste gewesen sein, der Ordnung und Harmonie der Welt als Kosmos gedeutet hat. Schon er muss gewusst haben, dass die Natur nicht ein großes Salatbeet ist, nur zum Nutzen der Menschen nach deren Ordnungssinn angelegt, sondern dass sie ihre Kraft gerade daraus bezieht, dass sie dies nicht ist. Chaos und Kosmos sind theoretisch Gegensätze, doch sie stehen in einer rätselhaft bleibenden geistigen Verbindung. In ihr verbirgt sich ein Geheimnis der Schöpfung. Ihre Weisheit hat eine eigene Substanz, wir können sie nicht ergründen, wir können sie jedoch achten und uns auf sie einlassen.

Das Ende mit Adam und Eva

Der Mensch beginnt mit der Fähigkeit zu Irrtum und Ungehorsam

»… aber von dem Baum der Erkenntnis des Guten und Bösen sollst du nicht essen.«

1. Mose 2,16

Das Ende mit Adam und Eva? Mit ihnen soll doch alles angefangen haben, stimmt denn nicht das Gegenteil? Diese beiden haben ein zähes Leben, sie werden leben bis ans Ende der Menschheit. Wie diese Behauptung zustande kommt, ist leicht zu erklären. Bei der Geschichte vom Paradies handelt es sich um einen Mythos, nicht um einen Tatsachenbericht. Einen Mythos erkennt man daran, dass das, was man erzählt, wesentlicher und wahrer ist, als das, was man wissen könnte, wenn man es wüsste. Das hat den Vorteil, dass die Wahrheit einer solchen Geschichte zeitlos ist. Mythische Helden sind unsterblich und was sie zu sagen haben, gilt für alle Zeiten.

Mythen vom Anfang der Welt gibt es in allen Völkern und Kulturen, sie alle versuchen, dem größten aller Rätsel auf ihre Weise in erzählter Form auf die Spur zu kommen. Wir ersparen uns die Geschichten vom Weltenei, von der Urschlange, vom Kampf der Götter und Helden am Weltbeginn und vielen Abenteuern, die es sonst noch gegeben hat, als die Welt geschaffen wurde. Keine dieser Erzählungen hat die religiöse und philosophische Tiefe wie die Schrift des so genannten Jahvisten, deren Inhalt aus Judäa, etwa aus dem 10. bis 8. vorchristlichen Jahrhundert stammt. Sie ist unabhängig von der mindestens zweihundert Jahre späteren Darstellung des Elohisten, der die Schöpfung auf sieben Tage reduziert. Die unterschiedliche Benennung der anonymen Schreiber rührt daher, dass im hebräischen Text der eine Gott mit Jahve, der andere mit Elohim bezeichnete. Bei der Redaktion und Zusammenstellung der biblischen Bücher wurden die beiden Geschichten aneinander gefügt, obwohl sie völlig verschiedene Ansatzpunkte haben.

Die Geschichte der ersten Menschen im Paradies hat manches, was uns heute nicht mehr unmittelbar berührt. Dass Eva aus einer Rippe Adams hergestellt wurde, mag einiges sagen, auch dass Adam mit hundertdreißig Jahren noch einen Sohn zeugte, Seth, übrigens nicht das letzte Kind des begnadeten Paars, mag eine beachtliche Leistung sein, vor allem auch im Hinblick auf die fast gleich alte Eva, und dass Adam schließlich erst mit 930 Jahren gestorben sein soll, lässt ungläubig staunen, doch das betrifft uns kaum noch. Wir erhitzen unsere Gemüter auch längst nicht mehr über die Frage, ob denn Adam und Eva einen Nabel hatten oder nicht. Von wem sollte denn die Nabelschnur stammen? Zum Glück haben die Maler sich nicht an solche Kleinigkeiten gehalten. Soweit nicht die Haare der Eva so lang gezeigt wurden, dass sie Bauch und Scham bedeckten, zeigten die alten Meister das paradiesische Paar als komplette Menschen. Würde man die Geschichte vom Paradies historisch verstehen, als einmaliges, ziemlich kurioses Ereignis am Beginn der Menschheit, dann lohnte es sich nicht, heute noch darüber nachzudenken. Das Aufregende daran ist jedoch, dass in ihm eine tiefe, zeitlose Philosophie steckt: die Grundfrage des Verhältnisses der Menschen zu ihrem Schöpfer. Was Adam und Eva unsterblich macht, das ist ihre Geschichte vom Sündenfall, denn sie ist das Erlebnis der innerlichen Menschwerdung, einer Entwicklung, die nicht nur die Menschheit durchlebte, sondern jeder Mensch für sich. Am Beginn und wohl auch am Ende der Menschheit steht der Mensch, der sich über göttliche Tabus hinwegsetzt. Dabei ist das nicht ein rebellierender, heldenhafter Prometheus wie bei den Griechen, der das Feuer raubt und sich von Zeus lossagt, sondern ein charakterschwacher Typ, der sich verführen lässt. Man muss sich das einmal vorstellen: Da wird dem Volk Israel von gelehrten Priestern eine heilige Schrift vorgesetzt, aus der zu entnehmen ist, dass die ersten Menschen keine Helden waren, sondern labile Durchschnittstypen. Das setzt ein gehöriges Maß an Selbstkritik voraus. Es ist dies eine grundehrliche Geschichte, wie man sie in der Welt der Mythen, wo meist die Helden dominieren, sonst wohl nicht finden kann. Adam, der Negativheld, wird so zum ungeliebten Vorbild, zumindest Spiegel der Menschheit. Adam erhält das Paradies, den Garten Eden, als Lehen übertragen, »dass er ihn bebaute und bewahrte«. Der sorgsame und pflegliche Umgang mit der Natur wurde ihm als Aufgabe in die nicht vorhandene Wiege gelegt. Es war dem frisch gebackenen Landjunker fast alles erlaubt, nur war ihm bei Todesstrafe verboten, von dem Baum der Erkenntnis des Guten und Bösen zu ernten. Die verlockende Frucht heißt einfach nur Erkenntnis.

Das Paar lebte in einer friedlichen Umwelt, ohne Not und Feinde, es stand der Natur nicht gegenüber, es war ein Teil von ihr, hatte jedoch von Gott die Veranlagung mitbekommen, sich aus der Natur herauszulösen, mehr zu sein als die Tiere. Denn es war im Gegensatz zu ihnen mit der Fähigkeit zu irren begabt. Daraus kann man folgern: Der Mensch beginnt mit der Fähigkeit zum Irrtum und zur Sünde. So ist er angelegt. Gregory Bateson hätte dies vermutlich als »Double bind« charakterisiert, als in sich widersprüchliche Doppelbindung: einerseits die Möglichkeit, sich kritisch von der Natur zu distanzieren, andererseits der Auftrag, ihr als ihr Teil zu dienen. Das konnte nicht gut gehen. Diese innerliche Zerrissenheit des Menschen der Schöpfung gegenüber und das Spannungsverhältnis zwischen Einordnung und Überordnung, sie prägen und belasten den Menschen seit jeher. Der erste und andauernde Konflikt war von Anfang an im Menschen vorprogrammiert.

Um Mensch zu werden, musste er der Schöpfung kritisch, wertend, eingreifend und urteilend gegenüberstehen. Er löst sich aus der Natur, um sie zu beherrschen. Die Fähigkeit zu Irrtum und Sünde ist Voraussetzung für alles, was den Menschen zum Menschen macht, ohne sie würden wir noch auf den Bäumen sitzen; alles schöpferisch Neue beginnt mit dem Kampf gegen das Vorhandene. Denn das Vorhandene hat zunächst immer die besseren Argumente. Das Veränderte muss sich gegen das Bewährte durchsetzen. Gelingt es ihm nicht, erscheint es als Irrtum. Das macht uns die Evolution vor.

Das Urteil über Gut und Böse ist eine Voraussetzung für unser Menschsein und zugleich eine belastende Verantwortung. Doch was ist gut und böse? In einer neuen Übersetzung ist unter der Paradiesgeschichte in Kleindruck zu lesen: »Erkenntnis des Guten und Schlechten, d.h. des Nützlichen und Schädlichen.« – Nein! Genau das ist es nicht. Nützlich und schädlich, das sind vordergründige Begriffe aus dem Utilitarismus. In der Ethik geht es um viel mehr, um Werte, die jenseits der Nützlichkeitserwägungen liegen. Wer den Einklang, das Einvernehmen mit der Schöpfung sucht, strebt nach dem Guten und fragt nicht mehr danach, ob es zugleich auch als nützlich angesehen wird. Wir müssen aus dem Blickwinkel der Schöpfung argumentieren und nicht aus dem, was wir Menschen nach unseren derzeitigen Bedürfnissen für nützlich halten. Gut und nützlich liegen auf verschiedenen Ebenen.

Schon der Mensch, der sagt: »Heute ist schlechtes Wetter«, urteilt allein von seinem vordergründigen Standpunkt aus. Er möchte spazieren gehen und ärgert sich über dunkle Wolken und den heftigen Sommerregen, über den sich jedoch der Landwirt freut. Er könnte stattdessen auch nur sagen: »Heute ist es bewölkt und regnerisch«, dann wäre das unkritisch und neutral ausgedrückt, unabhängig davon, welche Konsequenzen er persönlich daraus zieht. Hinter diesem harmlosen Beispiel liegt das eigentliche Problem. Dann geht es nicht nur ums Wetter, sondern darum, ein anderes Volk für schlecht zu halten, eine Tierart für schädlich und schließlich den eigenen Bruder zu hassen, wie es ja Kain, der sesshafte Bauer, Adams erstgeborener Sohn, gegenüber seinem Bruder Abel, dem nomadisierenden Schäfer, vorgemacht hat. Der sesshafte Bauer erschlägt den wandernden Hirten. Für den sesshaften Bauern war es nützlich, den Wanderhirten zu erschlagen, der über seine Felder zog. So beginnt die Geschichte der Menschheit. Aus dem Bruderzwist werden Weltenbrände. Ausgelöst durch den Drang, sich selbst für gut, das Fremde, Unbekannte für böse zu halten, um es auszurotten.

Adam selbst war zunächst harmlos. Er hielt es auch nicht für nötig, seine Frau über den wahren Grund für das Verbot aufzuklären, vom Baum mitten im Garten nicht zu naschen. Eva wusste nur, dass von dem Baum Lebensgefahr drohte, aber ihr war nicht bekannt, dass es hier in Wirklichkeit um die verbotene Erkenntnis ging. Daher machte sich die schlaue Schlange nicht hinter Adam her, sondern hinter Eva, weil sie über deren Informationsdefizit Bescheid wusste. Die Schlange sagte die Wahrheit: Euch werden die Augen aufgetan, ihr werdet wissen, was gut und böse ist. Das überzeugte die Eva, sie genoss die Frucht und reichte sie auch Adam. Die Wirkung kam schlagartig, denn da erst bemerkten die beiden, dass sie nackt waren. Jetzt nahmen sie sich selbst wahr. Damit begann die Grundlage aller Sexualität: die Erkenntnis des Andersseins gegenüber dem anderen Geschlecht. Die erste Erkenntnis des Menschen war seine Selbsterkenntnis: Nicht nur seine Nacktheit, sondern vor allem seine Schwäche, sein Ausgeliefertsein der Natur gegenüber, seine Sterblichkeit. Adam und Eva behalfen sich mit Schürzen aus Feigenblättern.

Gott der Herr weiß natürlich sofort, was hier passiert ist, und stellt Adam, der sich versteckt hatte, zur Rede. Der weicht aus. Er habe sich wegen seiner Nacktheit geschämt, stottert er. Schließlich schiebt er alles auf Eva, die Frau, die ihm schließlich Gott selbst gegeben habe. Dann wandte sich der Herr an Eva. Auch die hatte eine Ausrede: Die Schlange betrog mich! Keiner von den beiden bekannte sich freimütig zu seinem Verhalten. Sie hätten doch sagen können: Wir wollten einfach wissen, was es mit dem Bescheidwissen über Gut und Böse auf sich hat. So rutschte der Mensch fast wider Willen ins Abenteuer der Erkenntnis. – Da tat Gott etwas Paradoxes: Er verfluchte die Schlange, die er doch selbst geschaffen hatte und die womöglich sein Werkzeug war.

Wie die weitere Strafe aussieht, spüren wir ja täglich: Die Äcker sind kärglich und voller Dornen und Disteln. Im Schweiße seines Angesichts soll der Mensch sein Brot essen, bis er selbst wieder zu Erde wird. Die Eva bestrafte er auch: Sie müsse in Schmerzen die Kinder gebären und, als Gipfel aller Strafen, sie solle ihrem Mann untertan sein. Als großzügige Geste schenkte Gott dem nackten Paar Kleider aus Fellen und dann jagte er sie aus dem Garten, dessen Zugang er vorsichtshalber durch bewaffnete Engel schützen ließ.
So müssen wir uns das unsterbliche Menschenpaar vorstellen: Sie wollen Bescheid wissen wie Gott, bekommen jedoch ihre Unterlegenheit ständig zu spüren; sie fallen auf verlockende Angebote herein, weil sie unbequemen Warnungen misstrauen; sie verletzen göttliche Gebote. Wenn die Sache herauskommt, verstecken sie sich. Wenn sie erwischt werden, spielen sie sich als Unschuldige auf und suchen nach faulen Ausreden. An der nötigen Erziehung ihrer Kinder lassen sie es fehlen, sodass unter ihnen Mord und Totschlag herrscht.
Wer will jetzt noch behaupten, Adam und Eva seien längst gestorben? Sie leben unter uns als Menschen wie du und ich. Nicht nur das, sie repräsentieren uns alle. Wer will jetzt noch die Ansicht vertreten, diese Geschichte sei nicht wahr? Es wäre viel bequemer, wenn wir denken könnten: Ach ja, das war damals! Und heute? Damals ist immer, solange Menschen leben. Wer Mensch sein will, muss die Sünde der Erkenntnis auf sich nehmen, die Anmaßung, über etwas zu urteilen, was er nicht ändern kann. Es ist ein ewiges Dilemma: Der Mensch, der ums Überleben kämpft, muss leiden, irren und göttliche Tabus verletzen. Er muss die Schöpfung bis zu einem gewissen Maß verletzen. Zugleich muss er wissen, was er tut und mit sei-

nem Tun anrichtet. Er muss Verantwortung für die Zukunft übernehmen, obwohl ihm das gar nicht liegt.

Der Mensch steht heute vor dem gleichen Dilemma wie eh und je: Die Menschheit insgesamt, unabhängig vom Denken und Handeln des Einzelnen, hat Schuld auf sich geladen. Die Erde ist auf unabsehbare Jahrtausende verseucht durch Atommüll, die herkömmlichen Energievorräte gehen zur Neige, die weltweite Luftverschmutzung nimmt weiter zu, das Klima neigt zu menschenfeindlichen Extremen, die Menschheit wächst und verdrängt mehr und mehr die Natur. Und die Erkenntnis des Guten und Bösen? Wir haben sie, wenn auch auf unvollkommene Weise, sind aber unfähig, sie durchzusetzen. Terror, brutale Gewalt, Not, Krankheiten, Hunger, Verslumung ganzer Völker, deren gewachsene Kultur erlischt, und vieles mehr müssen wir beobachten und erleben. Die Gefahr besteht, dass wir in Zukunft einmal die heutige Welt trotz ihrer Probleme noch als Paradies betrachten, aus dem die Menschheit verjagt wurde. Sind wir schon dabei, uns zu verstecken oder gar nach Ausreden zu suchen?

Woran liegt es denn, dass so wenig geschieht. Hans Jonas hat es einmal auf eine einfache Formel gebracht: »So wenig wie die Vorstellung des zu Fürchtenden stellt sich die Furcht davor von selbst ein. Auch sie muss erst ›beschafft‹ werden« (Prinzip Verantwortung, 65). Im Paradies kam es unverzüglich zur Furcht. »Und sie hörten die Stimme Gottes des Herrn.« Wir können heute nicht mehr erwarten, dass der Herr bei seinem Abendspaziergang durch den Garten den Baum der Erkenntnis kontrolliert. Was in der Bibel bildlich als private Geschichte der Familie Adam geschildert wurde, spielt sich inzwischen als Geschichte der Familie Menschheit ab. Die Stimme des

Schöpfers ist nicht mehr mit der Frage zu vernehmen: »Adam, wo bist du? Warum hast du das getan?« Sie klingt heute anders. Was antworten wir, wenn wir es in unserem tiefsten Inneren vernehmen: »Menschheit, wo bist du? Warum hast du das getan?«

Auch wir Individuen, die wir uns einbilden, an vielem, was geschieht, nicht mitschuldig zu sein, sind betroffen. Wir können uns nicht herausreden, denn wir alle miteinander sind Bestandteile eines großen, weltweiten Organismus. Adam war ein Einzelner, er konnte antworten, doch niemals wird es der Menschheit gelingen, mit einer Stimme zu sprechen. Können wir uns auf das Wort Hölderlins verlassen: »Wo aber Gefahr ist, wächst das Rettende auch ...«?

In einzelnen Menschen ist das Rettende angelegt. Sie kämpfen, oft unter Einsatz ihres Lebens, für die Bewahrung der Schöpfung gegen die Übermacht von Politik und Wirtschaft, die sich letztlich als ohnmächtig herausstellt, wo es um höhere Werte geht. Der Einzelne, der sich der materiellen Überlegenheit der Mächtigen entgegenstellt, der sich von materiellen Werten nicht blenden lässt, kann Hoffnung ausstrahlen, auch wenn der von Machthabern gefangen und getötet wird. Der Widerstand gegen die Versuchung, sich der Macht unterzuordnen, und die Herauslösung aus dem Kartell der Macht können Erstaunliches bewirken.

Aus der Resignation wächst keine Hoffnung. Nicht nur unser Handeln im Kleinen hat eine Wirkung, sondern auch unser Denken. Seelische Kräfte haben eine Wirkung, selbst wenn wir kein Messsystem für sie haben. Das Einzige, was wir also sicher können, das ist, uns an der Schöpfung mit ihren doch immer noch vorhandenen Herrlichkeiten zu freuen. Davon kann eine Kraft aus-

gehen, die vielleicht doch stärker ist als die der Destruktion.
Es wäre immerhin denkbar, dass vielleicht auch solche Erkenntnisse eines Tages dazu beitragen könnten, die Menschen davor zu bewahren, mit ihren Ideologien im Bauch und dem Messer in der Hand, sich gegenseitig abzustechen und auszurotten. Vielleicht trägt auch die Freude an der Schöpfung und die Sorge um ihre Erhaltung zum Überleben der Menschheit bei. Dies wäre immerhin eine Hoffnung, auf die wir nicht verzichten dürfen. Doch Hoffnung gedeiht nur, wenn sie uns handeln lässt.

Jenseits von Ja und Nein

Die ahnbare Erkenntnis über den Gegensätzen

»Was wär' ein Gott, der nur von außen stieße,
Im Kreis das All am Finger laufen ließe!
Ihm ziemt's, die Welt im Innern zu bewegen,
Natur in Sich, Sich in Natur zu hegen,
Sodass, was in Ihm lebt und webt und ist,
Nie seine Kraft, nie seinen Geist vermisst.«

Goethe

Gut und Böse erscheinen uns bei oberflächlicher Betrachtung als Gegensätze. Wir möchten es genau und eindeutig wissen: Ist es gut oder böse, vom Baum der Erkenntnis zu essen; ist es gut oder böse, sich mit dem Messer zu verteidigen, Tiere zu schlachten, Wälder zu roden oder Pflanzen genetisch zu verändern? Doch spätestens wenn wir um Antworten ringen, kommen wir zu der Einsicht: Gut und Böse entspringen der gleichen Quelle wie heiß und kalt und hell und dunkel: es sind unterschiedliche Werte auf einer einheitlichen Skala. Wir können die Welt nicht nach Gut und Böse, Freund und Feind beurteilen, sondern müssen die richtige Bewertung der verschiedenen Grautöne im Leben suchen, stets bereit zu Irrtum und Korrektur. Und doch gehen viele Menschen mit großen Erwartungen an die heran, die etwas zu sagen haben oder zumindest vorgeben, sie wüssten ganz genau

Bescheid. Also, wie ist das nun, erfahren wir endlich: Gibt es einen Schöpfer oder nicht? Und wo steckt er denn? Gibt es den Zufall oder nicht? Sind alle Dinge, die die Natur entstehen lässt, geistig vorgefertigt oder handelt die Natur planlos einfach drauflos? Man erwartet eindeutige Antworten und möglichst gleich noch die passenden Fakten zum Beleg. Am erfolgreichsten sind die »Ratgeber«, die nach einer kurzen ideologischen Einleitung gleich die unfehlbaren Rezepte liefern, wie man reich, gesund und glücklich wird. Die Philosophie tut sich da schwer. Sie gedeiht auch im luftleeren Raum und doch, wenn sie nicht zeigt, wo sie in das Leben hineinragt, mit ihm verbunden ist, verkümmert sie in ungelesenen Schriften und unverstandenen Theorien.
Das Verständnis unseres eigenen Lebens und unser Handeln im Privaten wie im Beruflichen und in der Politik hängt davon ab, wie wir die Schöpfung bewusst oder unbewusst wahrnehmen und erleben. Doch gibt es eine knapp und eindeutig formulierbare Antwort auf die einfach zu stellenden Grundfragen? Es gibt diese Antwort, wenn wir bereit sind, auch das als Antwort zu akzeptieren, was sich jenseits von Ja und Nein abspielt. Dies ist nicht ein Kneifen vor der Entscheidung, sondern die Anerkennung der Unzulänglichkeit der menschlichen Erkenntnis. Nicht dass wir nicht oder noch nicht alles wissen, ist hier das Problem, wie die meisten Menschen meinen, sondern, dass wir vieles einfach nicht erkennen können, selbst wenn wir es wüssten.
Die von Konrad Lorenz mitbegründete und besonders von Rupert Riedl weiterentwickelte evolutionäre Erkenntnistheorie geht davon aus, dass die Verhaltensweisen nicht nur der Tiere, sondern auch der Menschen stammesgeschichtlich erworben und erblich festgelegt

sind. Zu diesen »Verhaltensweisen« gehört auch das ihm zur Verfügung stehende Bild seiner Umwelt. Was der Mensch überhaupt wahrnehmen kann, ist nur das, was ihm die Evolution beigebracht und abgerungen hat, damit er überleben konnte. Die Evolution verhält sich ökonomisch. Unnützer Ballast wird abgewiesen oder über Bord geworfen. Riedl geht davon aus, dass unser Wissen von der Erfahrung, unsere Wirklichkeit von den Sinnen kommt. Der Umkehrschluss: Was wir nicht mit unseren ererbten Sinnen wahrnehmen können, das erlangt für uns keine Wirklichkeit. Der Adler hat eine andere Wirklichkeit als das Kaninchen und die Fledermaus eine andere als die Zecke.

Die Gefahr ist groß, dass diese überzeugende Grundannahme im Sinne des Materialismus einseitig dahingehend verstanden wird, dass es außerhalb des direkt Wahrnehmbaren oder indirekt über technische Hilfsmittel Feststellbaren nichts zu denken, fühlen und sagen gebe, dass alles Spekulieren im Irrealen vergebliche Liebesmüh und Zeitverschwendung sei, dass es schlichten Unsinn hervorbringen müsse. Gewiss, es gibt Dinge, für die fehlen uns nicht nur die Sinne, sie wahrzunehmen, sondern auch die Vorstellungskraft und die Sprache, sie anderen mitzuteilen. Sie entstammen einer Wirklichkeit, die der Mensch in der Entwicklungsgeschichte anscheinend nicht brauchte, um sich in der Welt orientieren, ernähren und vermehren zu können. Doch diese Phase haben wir dank unserer Kultur weit hinter uns zurückgelassen. Sie begann schon mit den Totenkulten der Urmenschen. Mit unserer Sprache können wir immerhin Dinge sagen, die weder unmittelbar noch mittelbar zur Selbst- und Arterhaltung beitragen, sie dringt in wesentlich höhere Regionen vor als die der Wissenschaften, die nur an objektiv er-

kennbaren Fakten orientiert sind. Dank seiner Kultur und Zivilisation hat sich der Mensch aus der Evolution verabschiedet, um sich geistig weiterzuentwickeln und höheren Zielen zuzustreben, selbst auf die Gefahr hin, dass gerade dadurch auch sein Ende beschleunigt wird.
Und immer noch gibt es nahe liegende Fragen, deren Antworten in unzugänglicher Ferne liegen, wenn wir sie eindeutig beantworten wollen und nicht bereit sind, sie dialektisch zu sehen. Antworten sind möglich im Spannungsverhältnis zwischen Ja und Nein. Es gibt die Zeit und zugleich gibt es eine Zeitlosigkeit, die die Zeit durchdringt und überflügelt. Diese Zeitlosigkeit lässt unendlich große Räume zusammensinken. Die Milliarden Lichtjahre entfernten Galaxien vereinigen sich in einem ortlosen Punkt. Ihn gibt es und gibt es nicht in unserer unzulänglichen Vorstellung. Die Welt wird von außen regiert und gelenkt, zugleich ist sie sich selbst überlassen. Der Schöpfer ist mit der Welt identisch und nicht identisch. Goethe sagt es in dem zitierten Gedicht: »Ihm ziemt's, die Welt im Innern zu bewegen, Natur in sich, sich in Natur zu hegen.« Gott ist, so verstanden, die Gesamtheit alles Werdenden und Gewordenen. Er ist identisch mit der Welt, er ist nicht irgendwo in ihr, sondern er ist Alles, was ist. Doch auch diese Aussage wird ihm nicht gerecht. Er muss mehr sein. Der Sinn der Welt kann nicht nur die Welt selbst sein; er liegt im Jenseits der Erkenntnis des einzig Wahren.
Es gibt den Zufall in der Evolution, zugleich ist er an ewigen, in der Zeitlosigkeit vorgeprägten Bildern orientiert, sonst würde er keinen Sinn zustande bringen. Die Schöpfung ist zu jeder Zeit vollendet und zugleich ist sie immer im Gang. Ihr Ziel ist in jeder Gegenwart erreicht und doch strebt sie weiter. Gott ist herzloser Tyrann und lie-

bender Vater zugleich. Er ist Schöpfer und Gewährenlasser. Er ist allmächtig und ohnmächtig. Die Wahrheit liegt im Spannungsverhältnis zwischen und hinter den Gegensätzen: Mit unserer Logik werden wir sie nie entschlüsseln können, denn wer die Welt logisch sehen will, der sieht die Logik, nicht jedoch die Welt. Es muss eine ahnbare Erkenntnis geben, die das über den Gegensätzen Schwebende als Wahrheit in einer höheren Dimension zulässt. Die Evolution hat uns solche Einsichten nicht als Wissen beschert, doch sie hat den Glauben zugelassen.

»Vollendet ist das grosse Werk«

Die Freude an der Schöpfung überwindet den Zweifel an ihr

»Vollendet ist das große Werk. Der Schöpfer sieht's und freuet sich. Auch unsre Freud erschalle laut.«

Aus dem Oratorium »Die Schöpfung« von Joseph Haydn

Man kann sich auch am Unerklärbaren orientieren und freuen, der nur Wissende verzichtet auf einen Teil seiner Macht. Doch es klingt geradezu provozierend, wenn man heute noch die Schöpfung in festlichen Chören lautstark besingt und damit den Schöpfer lobt. Gibt es denn heute nichts Differenzierteres über die Schöpfung zu sagen als vor über zweihundert Jahren? Kann und darf man seine Freude an der Welt, so wie sie geschaffen ist, uneingeschränkt zum Ausdruck bringen? Solche Fragen stellen sich auch denen, die diese Chöre und Arien aus Haydns »Schöpfung« heute singen. Ist das alles nur noch historisch zu verstehen, als ein gut komponiertes Stück aus der Musikgeschichte, oder kann es ein Beitrag zur Gegenwartsbewältigung sein, als Aufforderung, sich den hier vorgetragenen Gedanken anzuschließen, sie zu verinnerlichen?

Im Wien des zu Ende gehenden 18. Jahrhunderts waren unter den Gebildeten die Gedanken der Aufklärung längst verbreitet, die Heiligenscheine waren verblasst und die Menschen suchten nach neuen Grundlagen und Inhalten

ihrer Religion. Das unausgesprochene Schlagwort lieferte der damals bekannte und beliebte Dichter Christian Fürchtegott Gellert (1715–1769), denn eines seiner Gedichte trug den bezeichnenden Titel: »Die Ehre Gottes aus der Natur«, das später kein Geringerer als Beethoven vertonte: »Die Himmel rühmen des Ewigen Ehre.« So etwa könnte die damalige Botschaft gelautet haben: Wenn ihr der Bibel nicht vertraut, dann schaut doch auf die Natur, die sagt euch mehr über Gott als alle frommen Texte! Gott offenbart sich zumindest in der Schöpfung, so hatte sich der fromme Leipziger Theologieprofessor Gellert mit dem Vernunftglauben der Zeit arrangiert.
War die Natur damals besser als heute? In gewisser Hinsicht schon, denn sie war noch weniger verbraucht, man ahnte noch nichts von menschheitsgefährdenden Problemen. Andererseits kannte man seit jeher ihre Macken, Tücken und Abgründe, waren doch selbst Pest, Pocken und Cholera ein Werk der Natur. Seuchen umlauerten überall die Menschheit. In jedem Stadthaus hatte man es mit Ratten, Mäusen, Flöhen und den allgegenwärtigen, lästigen Fliegen zu tun, die doch schließlich auch Geschöpfe Gottes sind. Noch konnte niemand daran denken, sie mit chemischer Keule zu vernichten. Haydn machte keine Ausnahme: »Wie Staub verbreitet sich in Schwarm und Wirbel das Heer der Insekten«, lässt er singen, also auch die sind gewollt. »Ihr Tiere, lobet alle Gott«, fordert der Chor. Der Komponist, der sich diesen ihm von Gottfried van Swieten gelieferten Text zu Eigen machte, berichtet von seiner Arbeit an diesem Werk: »Täglich fiel ich auf meine Knie nieder und bat Gott, dass er mir die Kraft zur glücklichen Ausführung dieses Werks verleihen möge.« Kann auch derjenige, der das heute singt oder hört, sich diese Verbindung von Natur

und göttlicher Schöpfung zu Eigen machen? Erstaunlicherweise gelingt dies in vielen Fällen nach wie vor ungetrübt. Freude und Dankbarkeit strahlt aus, unabhängig von der sonstigen Überzeugung, der sich davon berühren lässt. Auch unsere heutige Welt hat es verdient, dass man sie bewundert und verehrt. Daran hat sich seit Menschengedenken nichts geändert. Diese Verehrung kann und muss mehr sein als die von der Vernunft gebotene Rücksicht.

Zu welcher Haltung gegenüber der Schöpfung führt diese Verehrung den Menschen? Schließlich muss er mit und aus der Natur leben und kann sich nicht damit begnügen, in ehrfürchtiger Betrachtung sein Leben zu verbringen. Er muss sein Haus bauen und seine Felder bestellen, er kann Tiere töten und Holz verbrennen.

Solange sich die Zahl der Menschen in Grenzen hielt, hatten sie damit kaum Probleme, das ist ja auch ein Grund dafür, warum die Bibel in Bezug auf Umweltethik so unterbelichtet erscheint. Erst durch das immense Wachstum der Bevölkerung in vielen Teilen der Welt wurde der Mensch gewissermaßen zum Naturschädling, allein durch seine Massen. Gerade in dieser Situation müssen sich Menschen ihrer Verantwortung intensiver bewusst werden als in früheren Zeiten.

Hätten wir denn überhaupt gedankliche Alternativen zur Betrachtung der Schöpfung als geisterfülltes Werk? Dort, wo nur das abstrakte Gesetz des blinden Zufalls als Weltprinzip angeboten wird, können solche Alternativen nicht entstehen. Mit einer solchen Einstellung kann man vielleicht noch Vernunfterwägungen, Zukunftserwartungen oder die Ästhetik heranziehen. Sie aber berühren den Menschen bei solchen Problemen offensichtlich nicht. Für den Zufall spricht nur, dass man mit ihm auf jede

Metaphysik verzichten kann. Das vereinfacht das Denken ungemein, obwohl der Glaube an den Zufall schließlich auch nicht auf der Physik beruht, doch das wird oft übersehen. Computerunterstützte Vernunfterwägungen führen uns nicht aus der Krise im Umgang mit der Schöpfung. Der unvoreingenommen denkende Mensch hatte im Lauf seiner Geschichte noch nie irgendwelche Probleme, sich am Unerklärbaren, am Unbeweisbaren zu orientieren. Man kann geradezu das Gegenteil feststellen: Es fällt dem Menschen in Wirklichkeit auch heute noch oft schwer, metaphysische Vorstellungen aus dem Kopf zu drängen. Das an der reinen Vernunft orientierte Denken muss man ihm erst in der Schule mühevoll eintrichtern. Doch selbst dann erwachen Menschen immer wieder zu neuen Träumen und Erwartungen. Gerade in heutiger Zeit ist die Suche nach Kräften aus der unerreichbaren Welt des Geistigen, des Religiösen ungebrochen.

Wenn es uns nicht gelingt, in der bunten Vielfalt der Schöpfung einen Sinn zu finden, dann gelingt uns dies auch nicht mit unserem Leben, weil wir untrennbar miteinander verbunden sind. Der übertriebene Individualismus unserer Zeit ist durch nichts gerechtfertigt. Und dieser Sinn der Welt und unseres Lebens muss gestiftet und gespeist sein aus einer Kraft, die mehr ist, als das Vorherzusehende und Nachvollziehbare, vor allem muss sie mehr sein als ein Zufallsgenerator. Es gibt den uns so erscheinenden Zufall und es gibt das Notwendige. Darüber hinaus muss es noch eine dritte Kraft geben, die den Zufall und das Notwendige miteinander verbindet: Es ist der schöpferische Sinn. Ihn zu analysieren, führt zu nichts, es genügt das Vertrauen darauf, dass er sich verschlüsselt oder offen uns zu erkennen gibt. Nur so können wir überhaupt die Schöpfung verstehen und lieben, dass wir ihn von einem Schöpfergott herleiten, wer oder was das auch immer sei oder nicht sei. Verstehen und lieben, das allein genügt nicht. Diese beiden Worte lassen eine Beziehung des Ichs zum Objekt annehmen. Die ist richtig und wichtig, doch können wir nur dann wirklich an der Schöpfung teilnehmen, wenn wir sie zu unserer eigenen Sache machen und uns dessen bewusst werden. Wir können dann vielleicht erspüren, wie die Schöpfung in uns selbst wirkt, wie wir der Welt weder als Subjekt noch als Objekt gegenüberstehen, sondern selbst Welt sind. Wir erleben und erleiden die Welt in unserem Geist und in unserem Körper. Die niedergemetzelten Völker, die ausgerotteten Tiere, die fallenden Urwälder, die verseuchten Gewässer, sie alle geschehen zu einem unaussprechlichen Teil uns selbst, weil wir Bestandteile eines All-Organismus sind. In ihm geschehen aber auch die Wunder der Natur, auch wenn wir uns an sie schon gewöhnt haben sollten. Zu ihnen gehören die schwirrenden Bienen im blühenden Kirschbaum, die herunterdonnernden Wasserfälle im Gebirge oder die Bugwellen auf der Fahrt zur Insel Delos. Vielleicht genügt uns schon eine einzige Blume, um in ihr den Sinn der Welt zu erkennen. Die Beziehungen zu diesem All-Organismus können wir weder definieren noch beschreiben oder gar messen, dennoch gehören sie zum Fundus aller Weisen seit Urzeiten.

Wir haben das Recht, uns zu freuen und darauf zu vertrauen, dass es einen bleibenden Sinn in allem Geschehen gibt, auch soweit wir leiden und ihn nicht nachvollziehen können. Daher muss dieser Sinn außerhalb dessen liegen, was wir mit unseren Sinnen wahrnehmen können. Wir dürfen auch dem vertrauen, was uns als tiefe Ahnung jenseits des Formulierbaren übermittelt wird, wie Schelling sagte, einer aus der Quelle der Dinge geschöpften »Mitwissenschaft der Schöpfung«. Würden wir der Schöpfung einen zeitlosen, göttlichen Sinn absprechen, dann könnten wir auch das über unsere vordergründigen Interessen hinausgehende Wirken nicht erkennen. Doch es geschieht, auch soweit wir es verneinen und rücksichtslos die Schöpfung missbrauchen durch menschliche Anmaßung und Unglauben daran, dass uns die Welt geschenkt ist, dass sie uns anvertraut wurde. Dabei müssen wir unsere menschlichen Grenzen immer wieder erfahren und, falls solch ein Wort heute noch aussprechbar ist, in Demut und Ergebenheit akzeptieren. Das Woret »geschenkt« in diesem Zusammenhang verdeutlicht, worum es dabei geht. Jedes Geschenk hat einen Schenker. Es liegt an uns, ob wir dieses Geschenk mit Freuden annehmen oder zurückweisen. Dem Schenker möchte man danken. Dem blinden Zufall kann man nicht danken, er ist die Verkörperung der krank machenden Sinnlosigkeit. Wir brauchen zum Danken ein Gegenüber, auch wenn wir von ihm nichts wissen können. Doch wo das Wissen endet, kann der Glaube beginnen.

Literatur

Angelus Silesius (Johann Scheffler): Der Cherubinische Wandersmann, Stuttgart 1984

Atkins, Peter W. : Schöpfung ohne Schöpfer, Reinbek 1984

Aurelius Augustinus: Vom Gottesstaat; aus dem Lateinischen von Wilhelm Thimme, Zürich 1955/77

Buddha – Pfad zur Erleuchtung; Buddhistische Grundtexte; hrsg. von Helmuth von Glasenapp, Düsseldorf/Köln 1956

Barrow, John D. und Joseph Silk: Die linke Hand der Schöpfung – Der Ursprung des Universums, Heidelberg 1995

Birnbacher, Dieter (Hrsg.): Ökophilosophie, Stuttgart 1997

Bresch, Carsten: Zwischenstufe Leben. Evolution ohne Ziel?, München 1977

Bruno, Giordano: Von der Ursache, dem Prinzip und dem Einen, Hamburg 1983

Cioran, E.M.: Die verfehlte Schöpfung, Frankfurt am Main 1979

Comte, Auguste: La Philosophie positive (1830–1842); gekürzte Fassung in zwei Bänden, Paris 1880

Daecke, Sigurd Martin und Carsten Bresch (Hrsg.): Gut und Böse in der Evolution, Stuttgart 1995

Devall, Bill: »Die tiefenökologische Bewegung«. In: Ökophilosophie, hrsg. D. Birnbacher

Davies, Paul: Der Plan Gottes, Frankfurt/Leipzig 1995

von Ditfurth; Hoimar: Im Anfang war der Wasserstoff, Hamburg 1972

–: Unbegreifliche Realität, Hamburg 1987

Dürr, Hans-Peter (Hrsg.): Physik und Transzendenz, Bern/München/Wien 1986

Meister Eckehart (Eckhart): Deutsche Predigten und Traktate; hrsg. und übersetzt von Josef Quint, München 1963

Ekeland, Ivar: Das Vorhersehbare und das Unvorhersehbare, München 1985

Ferguson, Kitty: Gottes Freiheit und die Gesetze der Schöpfung, Düsseldorf 1996

Frankl, Viktor E: »... trotzdem Ja zum Leben sagen«, München 1977

–: Die Sinnfrage in der Psychotherapie, München 1981

Gierer, Alfred: Die gedachte Natur, München 1991

Gradmann, Hans: Das Rätsel des Lebens im Lichte der Forschung, München/Basel 1962

Grün, Anselm: Buch der Lebenskunst, Freiburg i. Br. 2002

Hawking, Stephen: Eine kurze Geschichte der Zeit, Reinbek bei Hamburg 1988

–: Einsteins Traum – Expeditionen an die Grenzen der Raumzeit, Reinbek bei Hamburg 1993
–: Das Universum in der Nussschale, München 2003
Hegel, Georg Wilhelm Friedrich: Werke, Frankfurt am Main 1986
Heisenberg, Werner: Physik und Philosophie, Stuttgart 1959
-: Der Teil und das Ganze, München 1969
Jonas, Hans: Das Prinzip Verantwortung; Frankfurt am Main 1979
– : Philosophische Untersuchungen und metaphysische Vermutungen, Frankfurt am Main und Leipzig 1992
Kutschera, Ulrich: Evolutionsbiologie, Berlin 2001
Laotse: Taoteking; übertragen von Richard Wilhelm, Köln/Düsseldorf 1978
Laotse; hrsg. Lin Yutang, Frankfurt am Main 1955
Lao-Tse: Tao-Te-King; übertragen von Wolfgang Kopp, Interlaken 1988
Lauxmann, Frieder: Der philosophische Garten, München 1994
–: Mit Hegel auf der Datenautobahn, München 1996
–: Das philosophische ABC, München 1997
–: Der philosophische Himmel, München 1999
–: Wonach sollen wir uns richten?, Stuttgart 2002
–: Die Philosophie der Weisheit, München 2002
Lenk, Hans: Prometheisches Philosophieren zwischen Praxis und Paradox, Stuttgart 1991
–: Macht und Machbarkeit der Technik, Stuttgart 1994
–: Praxisnahes Philosophieren, Stuttgart 1999
Lindner, Eberhard: Evolution, Weltende, Freiheit, Karlsruhe 1979
Lorenz, Konrad: Die Rückseite des Spiegels – Versuch einer Naturgeschichte menschlichen Erkennens, München 1973
Lönnig, Wolf-Ekkehard: Auge widerlegt Zufalls-Evolution, Köln 1989
Lüdemann, Gerd: Der große Betrug – Und was Jesus wirklich sagte und tat, Lüneburg 1998
Morris, Desmond: Der Menschen-Zoo, München/Zürich 1969
Nietzsche, Friedrich: Werke, München/Wien 1973
Pascal, Blaise: Über die Religion (Pensées), hrsg. v. Ewald Wasmuth, Heidelberg 1978
Peat, F. David: Synchronizität – Die verborgene Ordnung, Bern/München 1989
Platon: Sämtliche Werke; übertragen von Rudolf Rufener, Zürich und München 1974
Portmann, Adolf: Biologie und Geist, Zürich 1956
Povel, Adolf: An den Grenzen der Naturwissenschaft – Denkanstöße zu einem umfassenden Menschen- und Weltbild, Ulm 1998
Reeves, Hubert: Schmetterlinge und Galaxien – Kosmologische Streifzüge, München/Wien 1992
Riedl, Rupert: Die Strategie der Genesis – Naturgeschichte der realen Welt, München 1984

–: »Freiheit aus evolutionärer Sicht«. In: Herrenalber Texte 57, S. 51 ff.
–: Biologie der Erkenntnis, Berlin/Hamburg 1980
–: Evolution und Erkenntnis, München 1982
–: Zufall Chaos Sinn – Nachdenken über Gott und die Welt, Stuttgart 2000
Schelling, Friedrich Wilhelm Joseph: Werke; hrsg. v. Manfred Schröter, München 1927
Der Schöpfung auf der Spur, Theologie und Naturwissenschaft im Gespräch, Ev. Akademie Baden, Karlsruhe 1999
Schrödinger, Erwin: Mein Leben – meine Weltansicht, Zürich 1989
–: Das arithmetische Paradoxon – Die Einheit des Bewusstseins (in Dürr: Physik und Transzendenz)
Schweitzer, Albert: Die Weltanschauung der indischen Denker, München 1965
–: Straßburger Predigten, München 1986
Shankara: Das Kleinod der Unterscheidung, Bern/München 1981
Shapiro, Robert: Schöpfung und Zufall, München 1987
Sloterdijk, Peter: Regeln für den Menschenpark, Frankfurt am Main 1999
Steinbuch, Karl: Maßlos informiert, München/Wien 1978
Teilhard de Chardin, Pierre: Der Mensch im Kosmos, München 1959
Tipler, Frank. E.: Die Physik der Unsterblichkeit, München 1994
Upanishaden – Die Geheimlehre der Inder, Düsseldorf/Köln 1977
Die Vorsokratiker; hrsg. v. Wilhelm Capelle, Stuttgart 1968
Die Vorsokratiker – Griechisch/Deutsch; hrsg. v. Jaap Mansfeld, Stuttgart 1984
Weingartner, Paul (Hrsg.): Evolution als Schöpfung? – Ein Streitgespräch zwischen Philosophen, Theologen und Naturwissenschaftlern, Stuttgart/Berlin/Köln 2001
Wilber, Ken: Eros Kosmos Logos, Frankfurt am Main 1996
–: Naturwissenschaft und Religion – Die Versöhnung von Wissen und Weisheit, Frankfurt am Main 1998
Woltersdorf, Hans Werner: Denn der Geist ist's, der den Körper baut – Die Irrlehren des wissenschaftlichen Materialismus, München 1991
Wuketits, Franz M.: Grundriss der Evolutionsbiologie 2. Aufl., Darmstadt 1989
Zink, Jörg: Die Urkraft des Heiligen, Stuttgart/Zürich 2003

Register